왜 내 사업만 어려울까?

사장이 알아야 할 불편한 진실

왜 내 사업만 어려울까?

유주현 지음

ui 유아이북스

아직도 '잘'될 것 같지?

'잘될 것 같지?'

첫 책《망할 때 깨닫는 것들》의 첫 줄이다. 이만큼 좋은 표현이 없어 또 써먹는다.

다들 숨기려는 망한 얘기. 원인은 '나'다. 그걸 세상에 까발린 지 5년 지났다. 많은 일이 있었다. 먼저 첫 책이 나왔던 2017년 11월에 '갈망'하던 동네로도 이사했고 빚도 거의 갚았다. 2018년으로 넘어가며 돈 더 빨리 벌고 싶은 생각에 궁리를 시작했다. 출간 후 독자들과 주변, 친한 언론인들의 반응에 '책도 쓴 놈'이란 작은 허세까지 더해졌다. 2018년 3월, 딱 두 달 고민하고 아이스크림 할인점 열며 문제를 키웠다. 무식하면 용감하다 했다. 대출로 시작해 맨땅에 헤딩했다. 구구절절할 얘기 많지만 어쨌든 결론은 단어 딱 하나.

실패!

첫 폐업 때보다 금전 피해가 더 컸지만, 마음을 다잡았다. 스스로 냉정하게 바라보며 처음 망했던 경험을 계속 곱씹었다. 가게 정리 후 '빚투성이' 넘은 '피투성이' 통장만 남긴 2019년 4월, 올레길 욕구를

TV 프로그램 〈스페인 하숙〉으로 풀고 있었다. 문득 '은퇴 후 일 안 하고 산티아고 순례길 걸으며 살려면 얼마 필요하지?'라는 생각이 들어 곧바로 계산했다. 일하지 않고 살려면 얼마가 필요한지. 물론 장가 절대 '못' 가려 노력(?) 중인 것과 물가 상승률도 감안했다. 같이 사는 고양이 병원비, 사룟값, 간식비까지…. 계산 딱 나왔다. 당장 머릿속 정리하고 다시 뛰었다. 그러자 신뢰도 늘었고, 대행료도 높아졌다. 이런 노력 덕분인지 요즘엔 다른 곳을 소개받는 경우도 많아졌다. 먼저 일 맡기겠다 연락 오는 곳과 만나자는 곳도 부쩍 늘었다. 이러며 공격적으로 빚 갚았다.

2022년 5월, 은행과 대부·대출업체와 주변인들에게 손 벌리며 생긴 모든 부채서 해방됐다. 요즘 생긴 버릇이 있다. 아침 업무(뉴스 클리핑, 보도자료 배포·제공) 끝내면 통장 잔고를 확인한다. 볼 때마다 흐뭇하다.

'투자'도 첫발 디뎠다. 이사 때 돌려받은 보증금을 개인투자조합 제도로 투자했다. 책 나올 즈음이면 최소 세 배 회수가 이뤄졌을 것이다. 투자로 소득 공제받은 건 덤. 다른 투자처도 찾는 중이다. 이제는 대박은 아니어도 중박 정도는 되는 것 같다.

망하고, 폐업하기를 반복하다 보니 예전에 만났던 대표들과 사장들 생각이 많이 났다. 다들 '왜 이리 마음먹은 대로 사업이 안 풀릴까' 하는 공통된 고민이었다. 이건 나도 포함이다. 지금도 천직인 PR

대행사업을 하지만 언제나 어렵고 더딘 느낌이다. 물론 전에 말아먹었던 아이스크림 가게는 더 했지만… 컨설팅, 훈수 두는 것이 밥벌이의 한 축인지라 고객사와 현장에서 만나는 대표들에게 딱 맞는 해법은 아니더라도 최선책을 안내해야 한다. 그렇기에 내 사업부터 어렵다고 푸념하면 안 되는 것이어서 나름대로 노하우를 체계화하고 내 방식을 정립해 지금도 운용 중이다. 이렇게 하니 내 사업이 속칭 '휘청'할 일은 벌어지지 않고 있다.

내 인생, 사업 철학은 '내 방법은 절대 정답 아니다'다. 내 방법은 내게만 맞기 때문이다. 저마다 본인에게 딱 맞는 방법은 따로 있다. 《망할 때 깨닫는 것들》에 '내 방식'을 담지 않았던 이유다.

첫 책이 나오고 많은 독자께서 메일로 질문을 주셨다. 직접 만난 적도 있었다. 다들 실패, 폭망 딛고 두 번째 지뢰(?) 밟으면서도 어떻게 버텼는지 궁금해했다. 그런데, 만나면 당황은 내 몫. 정부 지원 사업이나 절세, 노무뿐 아니라 빚 줄이는 방법도 모르는 것이 첫 번째 이유고, 주변서 답 찾을 수 있고 어려운 도전 아님에도 주저주저하며 돈 벌지 못하고 있는 모습이 두 번째 이유였다. 간혹 "그건 다 아는 거잖아요"라고 할 땐 맥이 탁 풀렸다.

2022년 8월 출판사 대표와 만났다. 내 넋두리 담긴 첫 책을 출간시켜 준 은인이다. 출판사에도 독자들 연락이 꽤 왔고, 실패와 문제점에 공감했다는 말을 전해 들었다. 다음으로는 내 노하우와 방법 알고 싶다는 연락이 많았다고 했다. 얘기 듣고, 나흘 동안 심각히 고민했다. 그러며 '한 다리 건너' 모르는 CEO들의 의견도 들었다. 그러고 책을 쓰기 시작했다.

왜 내 사업이 어려운지를 알려면 사장, 대표의 자리부터 다시 한번 냉철히 판단해야 한다. 거북하고 불편해도 알고 나서 고치면 '어려운 내 사업'에 조그마한 숨통이 트일 수 있다고 생각해서다. 또, 내가 잘 쓰는 표현처럼, '개미 뒷다리에 묻은 흙만큼'이라도 도움 되면 좋겠다는 생각에서다.

최고 경영자, 대표 자리는 야누스적이다. 성공, 두둑한 통장 잔고가 생기면 찬사가 쏟아지는 레드 카펫이다. 영예와 금전적 보상, 자서전 출간 등 스타가 된다. 소설 《큰 바위 얼굴》처럼 나도 모르게 유명세가 찾아온다. 반대로 더딘 성장과 실패로 직원들에게 금전적 보상을 못 하면? 모든 책임의 십자가를 짊어진다. 여기서 끝이 아니다. 채권자들의 독촉과 가족 친지들의 성화, 손가락질, 같이 일했던 직원들의 성토 등…. 당신 머릿속에 떠오르는 욕설보다 더한 고초를 겪는다. 이러면 대부분 대표는 사업이 어려운 것을 직원, 사회 탓으로 돌리는 실수를 한다.

나도 그러다 제대로 홀라당 말아먹었다. 또 한 번의 실패를 경험했다. 한 번의 '폭망'과 또 한 번의 실패를 겪으며 얻은 교훈은 대표인 내가 바뀌어야 한다는 것이다. 불편한 진실을 애써 외면하면 끔찍한 경험은 '한 번 더!'가 될 것이다. 어떤 경우든 간에 모든 책임은 대표, 사장, CEO 같은 수많은 표현으로 대변되는 당신이 진다. 잊지 말아야 한다. 당신은 모든 것 책임지는 자리에 있고, 사업이 어려운 이유도 사장부터 바뀌지 않아서다.

대표는 불편한 진실을 알아야 한다.
잘못을 고치고 한 걸음 더 나아가야 원하는 걸 쥘 수 있다.

이 책을 읽는 독자 중에는 어려운 시기를 거치고 조직 구성에 들어간 대표도 있을 것이다. 안정적이고 탄탄한 위치지만 지금 회사가 제대로 운영되고 있는지 궁금해하는 CEO도 있을 것이다. 막 시작해 앞으로의 장밋빛 미래를 그리는 스타트업 창업자도 있을 것이다. 반대로, 판단 실수로 뒷걸음질 시작한 업주도 있을 것이다. 문제없는 것 같은데 정체된 조직으로 답답한 사장도 있을 것이다. 내외부로 잘나 간다는 평가와 인정받으니 긴장이 풀려 '숨겨 왔던 나의…' 가사처럼 실수를 쏟기 시작한 사장도 있을 것이다.

이 책은 그런 당신들에게 좋은 소리를 들려주지 않는다. 읽기에 따라 재수 없고 잘난 척하는 글로 보일 수 있다. 하지만 읽으며 마음 불편하고 반발심이 생기면 당신도 실패, 실수 중이라는 방증으로 받아들여야 한다. 아니면 최소한 그 길로 들어서고 있다는 거다. 본인은 모르게 감염되지만 티 나지 않는 코로나19 무증상 감염같이. 어떻게 아냐고? 쓰면서 나도 '어?'하며 느낀 게 많았다. 그러며 지금 내 사업 다시 뒤돌아보게 돼서다.

어쨌든… 기분 나빠도 알아야 할 불편한 진실을 담았다. 또, 특별난 것 없지만 독자들이 궁금해하는 내 방식도 공개한다. 주의할 점은, 책 속에 주저리주저리 떠든 해결책과 방법들은 '날라리 PR업자'인 내게 최적화된 것이다. 그러니 똑같이 하지 말고 응용하기를 당부하고 또 당부하고, 다시 한번 더 당부하며 머리 숙여 부탁드린다.

나도 남들 똑같이 따라 하다 수많은 시행착오를 겪었다. 등산이 건강에 도움 된다고 관절 안 좋은 사람이 그대로 따라 하면 병만 키우듯, 사업도 마찬가지다. 성공한 CEO와 대표들은 타인의 성공 방식을 분석해 철저히 자기만의 방법으로 재창출한 공통점이 있다. 이 사실을 알아야 한다. 그리고 책 읽은 뒤 사업을 발전시키려면 그 분야 전문가를 찾아야 한다. 속 쓰리고 소화 안 되는데 정형외과 찾는 우愚를 범하면 안 되듯 말이다.

각설하고, 책 읽을 분들께 미리 말한다. 읽다 보면 독설을 넘은 도발이다. 거슬리고 기분 나쁠 것이다. 생각하기 싫은 불편한 진실과 마주할 수도 있다. 하지만 처절하고 냉정한 현실을 이겨 내려면 불편해도 알아야 한다. 이를 극복하는 것이 대표란 사람들의 의무요 임무다. 첫 책과 마찬가지다. 읽고 기분 나쁘다면 메일로 욕을 보내도 상관없다. 그래도 할 말은 해야겠다. 기분 나쁘고 재수 없는 얘기 시작한다.

불편한 진실. 시즌 2 시작이다.

목차

3장

사장이 알아야 할 불편한 진실 : 경영과 실적

4장

돈 벌 궁리, 하루도 거르지 마라

5장
건강한 리더가 되는 법

1장

모든 것은
사장 때문이다

신규 사업 시작 때 대표들은 수많은 준비, 시뮬레이션을 한다. '나름대로' 충분한 시장 조사와 조직 구성도 마쳤다. 거듭된 회의와 숙고를 거쳐 최적 방안으로 시작했다.

　　그런데, 왜 이리 늦고 더딜까? 시장 및 현장서 부딪히는 경쟁업체는 금방금방 실적 거두는 것 같은데, 우리는 늦다 느껴진다. 단점 보완, 벤치마킹도 하지만 쉽게 해결되지 않아 답답하다.

**　　가장 큰 이유? 바로 대표인 당신에게 있다는 사실을 언제나 잊고 산다.**

　　'잘 찾으면 보인다'라는 80년대 반공 표어처럼, 시작 후 지금까지의 전 과정 다시 곱씹어야 하는데 그걸 놓친다. 아니, **안.한.다.** 실수, 실패치 않으려면 방법은 단 하나다. 속 쓰려도 그것과 마주 봐야 한다. 기억하기 싫은 과거의 실패와 실수를 떠올리면 미칠 것 같지만, 어쩔 수 없다. 눈 부릅뜨고 마주 앉아 독한 마음으로 실수와 실패를 상대해야 된다. 여기서 중요한 것은 경쟁사나 다른 CEO들 방법을 그대로 따라 하면 안 된다. '나만의 방식'과 '공식' 만들어야 한다. 그렇지 않으면 또 다른 실패가 당신을 찾는다.

　　'슬픔은 살아남은 자의 몫이다'라는 말이 있다. 회사 잘못되면? 당신 슬픔에, 살아남은 직원들의 욕과 야유는 덤이다.
　　모두 당신 몫이다.

책임은 모두
대표가 진다

사업하는 사람들의 목표는 대략 둘로 정리된다. '돈을 많이 벌겠다'
와 '무언가 바꾸고 이뤄 보겠다'는 마음이다. 물론 다른 것도 있지만
대부분 이렇게 압축된다. 둘 중 어느 것이 먼저냐는 문제는 '닭과 달
걀'의 차이다. 가장 바람직한 모범 답안은 아마 '무언가를 바꾸고 이
를 통해 경제적 자유를 얻는 것'이 아닐까? 목표를 실현하기 위해 지
금도 많은 대표가 귀중한 시간과 돈을 쓰고 있다. 주변에서 들려오
는 잔소리와 스트레스, 고객과 거래처 무개념 사람들에게 받는 스트
레스 속에서도….

2017년 7월 '1차 폭망'에서 만들어 낸(?) 빚의 90%를 털어 냈다.
남은 건 3.5% 금리 마이너스 통장 딱 하나. 그날은 그냥 멍해졌다.
아무 일도 손에 잡히지 않았다. 그날은 첫 책의 원고를 출판사에 넘
긴 날로부터 한 달 뒤였다. 집에 들어가 아무 생각 없이 소주를 들이

켰는데, 술에 취하지도 않았다. 대략 2년 정도 겪은 스트레스와 폐업으로 생긴 수많은 일, 돈을 떼였던 일 등이 영화 예고편처럼 눈앞에 스쳐 지나갔다. 과연 그럴까 싶었는데 실제 파노라마처럼 쭉 지나갔다. 어렵고 힘든 시기를 극복한 CEO들이 가장 어렵다 했던 순간들. 나도 그런 순간을 극복했다 생각하니 기분이 묘했다.

다섯 달 후에 생긴 가장 큰 사건은 5년 동안 이사 가고 싶었던 동네, 내가 점찍었던 집으로 한 이사다. 물론 월세지만. 망했던 경험을 쓴 책에 대한 반응이 꽤 컸다. 이름만 대면 알 만한 회사와도 PR 대행 계약을 맺었다. 망한 이야기를 듣겠다고 독자들의 메일이 왔고, 어느 곳에서는 강연을 의뢰했다. 인터뷰 주선이 일인 홍보쟁이가 본의 아니게 직접 인터뷰를 하고 여러 사람에게 얼굴을 알렸다. 그러다 보니 쥐뿔도 없는 놈이 '뭐 좀 되는 사람'같이 느껴졌다.

2017년 12월, 독자와 만나고 귀가한 날이었다. 고양이를 챙겨 준 뒤 TV를 틀었다. 생긴 것과 어울리지 않게 나는 다큐멘터리를 매우 좋아한다. 〈북극의 눈물〉에서 녹아 가는 그린란드와 사냥꾼들 이야기를 다시 봤다. 평소라면 이누이트의 사냥 장면을 재밌게 봤겠지만, 그해 겨울에는 다르게 보였다. 겨우 일어섰지만, 녹아내리는 북극처럼 나도 사라져 갈 거라는 생각이 들었다.

'언제까지 내가 이럴 수 있을까?'
'곧 40대 중반인데?'

'은퇴 후 나는 뭘로 먹고살 수 있을까?'

수많은 생각이 들었고, 곧 알 수 없는 어둠이 찾아왔다. 어떻게 해야 할까…. 일주일 고민하고 내린 결론은 '한 푼이라도 더 벌어 놓자'였다. 얼마를 벌어야겠다는 목표도 없었다. 무식해 보이지만 그냥 무작정, 막연히, 열심히 벌자는 생각이었다.

한참 고민하던 때 눈에 들어온 것은 아이스크림 할인점이었다. 큰 경험 없이도 할 수 있을 것 같았고, PR 대행과 함께 투잡으로 해도 큰 문제는 없을 것 같았다. 두 달가량 잘되는 가게, 안되는 곳을 뒤지고 다녀 봤다. 직업이 직업인지라 성공과 실패 요인도 열심히 분석해 봤다. 그리고 내린 결론은 '못 먹어도 고'였다. 물론 못 먹었지만.

한 번 말아먹은 놈이 실패 찾아 들어가는 꼴인 셈이었다. 가진 자본은 전혀 없었다. 빚을 좀 갚으니 다시 신용도 올라가 대출로 가게를 열 수 있었다. 여기서부터가 패착이었다. 대출로 시작하는 오프라인 매장도 잘될 수는 있지만 확률이 매우 낮다. 또, 오픈 비용만큼 현찰을 쥐고 해야 하는데, 그러지 않았다. 이러니 새 제품을 입고하려면 대출, 빚, 카드 서비스를 찾게 되었다. 이런 식으로 이자만 줄창 늘리는 꼴인데, 전혀 생각지 못했다. 직원 채용, 아르바이트생 고용. 모든 것이 준비됐다. 자리도 예술이었다. 300세대 아파트 단지 출입구였고, 버스 정류장도 20미터 거리였다. 정말 만세였다. 그런데, 딱 여기까지였다.

공사를 시작한 지 2주 뒤, 욕이 절로 나오는 상황이 생겼다. 70미터 거리에 다른 아이스크림 할인점(A) 공사가 시작된 것이다. 4월에는 코피 터지는 줄 알았다. 바로 20미터 옆, 길 건너에 또 아이스크림 할인점(B)이 열렸다. 2018년 4월, 경기도 부천시 어떤 동네엔 70미터 반경에 아이스크림 할인점 세 개가 열렸다. 손님들은 지나가며 그랬을 것이다. "참으로 가관이네" 내가 자주 하는 말이다. 그래도 제일 먼저 생긴 덕인지, 영업은 제일 잘됐다.

그렇게 지내던 5월 초의 어느 날, 예의는 냉동고에 얼린 A가게의 주인이 쳐들어와 행패를 부렸다. '여기 사장 어딨냐'며 아무것도 모르는 아르바이트생에게 자기가 제일 먼저 가게를 열었다고 소란을 피운 것이다. 소리는 못 들었지만, CCTV를 통해 아르바이트생에게 삿대질하는 A가게 주인의 채신머리 없는 행동을 봤다. 그 주 일요일에는 A매장에 물건을 대는 영업 사원이 우리 가게를 뒤지고 나갔다. 열받은 나도 A가게를 찾아가 '이러지 마라', '상도 지켜라', '임대차 계약서 확인해 보자', '내가 먼저 열었다' 했지만 전혀 먹히지 않았다.

더 가관은 바로 옆의 B가게. 건물주가 친히 오픈한 곳이었다. 첩자(?)를 투입해 확인해 보니, '저기 가게들은 임대라 못 버틴다. 다 망할 테니 그럼 내가 먹는다'라는 심보였다.

안 되겠다 싶어 조금 모은 놓은 돈에 또 캐피털 대출과 전문 대부업체의 손을 빌려 좀 먼 곳에 두 번째 가게를 열었다. '여긴 내가 다 독차지하겠지?'라는 생각이었지만 천만의 말씀. 한 달 만에 90미터도 안 되는 거리에 또 생겼다. 그때부터였다. 아이스크림 미수금을 메꾸려 '이 카드 대출, 저 카드 서비스'가 시작됐다. 나중엔 미수금이 불어터져 일수까지 손댔다. 많이도 말고 조금 더 벌어 보자고 시작한 일인데 남는 건 매일 부푸는 빚과 이자였다.

나름 야심 차게 시작한 아이스크림 가게는 결국 2018년 11월 첫 주에 모두 접었다. 정직원과 아르바이트생들에게 가게 정리 사실을 알리고, 필요한 사람은 실업 수당 서류를 작성해 줬다. 내가 챙긴 건 아이스크림들과 다 팔지 못한 담배, 라이터가 전부였다. 가게를 정리하고 남은 물건을 들고 집으로 왔을 때의 참담함은…. 말이 많지만 결국 내 선택과 판단은 틀린 것이었다. 가게를 정리하고 남은 건 빚. 이 모두 내가 책임져야 하는 것이었다.

이처럼 대표는 모든 결과를 책임지는 자리다. 요즘은 중견 IT 기업을 중심으로, '이사회 의장'이 대표를 역임하는 추세다. 물론 공통으로 책임지지만 이사회의 결정 사항은 의장이 책임지고 경영과 사업을 진행한다. 결국 '모든 걸 책임지는 것은 대표'라는 아주 쉬운 말을 이렇게 돌리는 중이다.

다 아는 사실이지만, 대표는 사업과 경영을 계획하며 언제나 우발 상황과 돌발 변수, 다른 내외부적 요인을 언제나 염두에 두어야 한다. 망한 원인을 복기하니 내 잘못이 제일 먼저 나왔다. 속 쓰리고 열받지만 사실이었다. 내가 아이스크림 가게를 열 때 다른 사람이 비슷한 가게를 열 수도 있다는 생각을 왜 못 했을까? 주변 부동산 찾아다니며 발품 팔 때 "혹시 여기…" 하며 물어보면 됐는데, 그 쉬운 걸 안 했다. 친한 지인 한 명은 새로운 사업, 아이스크림 가게를 권유한 사람의 책임도 있다고 두둔해 줬지만 결국은 내 책임이었다. 매장 두 개를 운영하며 다른 사람들은 물론 나 스스로에게도 '아니다. 나는 또 극복할 수 있다'만 다짐하며 현실을 외면했다. 냉정하게 첫 번째 가게에만 집중했어야 했다. 여유 자금 없이 두 번째 가게를 열어 결국 실패를 맛본 것이다.

구구절절 말이 많지만, 결국 대표는 자기 판단에 모든 것을 책임지는 사람이다. 나 역시 결과의 책임을 떠안았다. '과다'의 정도를 넘어 터질 듯한 부채와 이자 비용, 주변 상인들의 수군거리는 소리, 친한 지인들에게 말 못 하는 스트레스가 남은 결과였다.

어느 조직이나 무슨 일을 결정할 때 이런저런 이야기를 많이 한다. 토론이든 토의든 최선의 방안을 찾기 위해 머리를 맞댄다. 명령에 죽고 산다는 군軍에서도 어깨에 별을 잔뜩 단 장군들과 대위, 소령, 중령들이 모여 전술을 토의한다. 수많은 의견이 오가면 지휘관이 최종 결정해 움직이게 된다. 많은 이야기가 오가지만, 결국 중요한 결정권과 책임은 대표에게 있다. 그만큼 사리 판단과 주변 상황, 내외부 요인 분석을 더 철저히 해야 실패가 아닌 성공의 달콤함을 맛볼 수 있다. 만약 제대로 된 판단을 못 하면… 굳이 말하지 않아도 알 것이다.

첫 폐업 극복하고 책도 쓴 놈. 그 녀석의 다짐은 경제적 자유를 누리기 위한 선택이었다. 하지만 결과는 실패의 쓴잔 '한 잔 더!'다. 이 모든 책임은 최종 결정과 판단을 내린 대표, 즉 내가 지는 것이다. '나'라는 1인칭, 한 사람은 작을지 몰라도 대표란 자리는 다르다. '한 번의 선택이 10년을 좌우한다'는 쌍팔년도 광고 카피는 가져다 대지도 못한다. 대표의 잘못된 판단은 실패의 길로 들어서는 것이다. 그 책임은 모두 대표가 진다.

재수 없어도 사실이고 현실이다.
모두 당신 탓이고 당신 책임이다.

대표들께 고함

사업 다각화나 새로운 시장 진출에는 반드시 선발 주자가 있고 후발 주자가 생긴다. 주식 시장 개미들처럼 말이다. 새로운 사업을 시작할 때 반드시 준비해야 할 것은 '우발 상황 대처법'이다. 우발 상황 대비 계획엔 '대처 자금', '경쟁사 대응 논리', '소비자 여론몰이'가 반드시 들어가야 한다. 처음 사업 시작했을 때 만든 사업 계획서를 발전시켜 월별, 분기별, 반기별, 연도별 확인·점검 사항까지 넣으면 금상첨화다. 확인·점검 사항에는 고객 방문 수(B2B일 경우에는 고객사 반응), 매출(B2B일 경우엔 주문 건수 등)같이 명확한 사항을 준비해야 한다.

안될 때는
다 안된다

Be kind. everyone you meet is fighting a hard battle.
(친절하라. 당신이 만나는 사람들은 다 힘겨운 싸움을 하는 중이다.)

플라톤 명언으로 알려졌지만, 작자 미상 혹은 데이비드 조페티라는 스위스 작가가 한 말로 검색된다. 2011년, 한참 트위터와 페이스북, SNS에 빠졌을 때 본 말이다. 이는 어느 상황이든, 그 누구든 간에 '나에게 잘 맞는 얘기다. 첫 사업 시작한 2012년, 이렇다 할 결심이나 목표 없었다. 사업도 귀가 나빠져 회사를 그만두고 어쩔 수 없이 시작한 것이다. 뭐가 뭔지 몰랐던 처음엔 친한 사람들에게 돈 빌려 버티며 여기저기 영업 다녔다. 힘겨운 싸움의 연속이었다. 조금 잘되는 것 같다가 2015년부터 급격히 고꾸라져 1년 뒤 폐업했다.

2015년부터 2016년 2월까지는 뭘 해도 안됐다. 속칭 '지랄 염병'을 해도 안됐다. 어떤 고객이든, 심지어 소개로 만난 사람도 속 시원한 계약이나 확답이 없었다. 상대도 적당히 해야지 이것저것 사소한 일 부탁하며 계약할 것처럼 굴 때는 정말 미친다. 또, 그걸 하는 나는 뭔지. 그 모습 보고 있던 직원들은 희망고문 그만하라고 성화다. 돈 벌러 다니는 두목 생각 좀 해 주지, 원. 어쨌든 영업도 안되는데 직원들은 날 들볶았다. 사고친 걸 일 터질 때까지 숨기던 직원 덕분에(?) 고객사도 떠났다. 미치고 환장할 노릇이었다. 직원들 어르고, 달래고, 가끔 혼도 냈지만 도대체 답이 나오지 않았다.

어느 모임서 PR 강의를 부탁해 갔다. 강의 후 좋은 말이라며 따로 만나자던 스타트업 대표. 한 달 반 정도 만났는데, 계약할 것같이 하던 그 사람의 말은 "왜 이리 비싸냐"였다. "PR 전문가와의 계약을 인턴 직원 월급보다 더 낮게 부르면 어떻게 하나"라고 말하자 곧바로 사기꾼 취급당했다. 모임에 이상한 소문 돌아 사실관계 글 남기고 탈퇴해 버렸다.

계약이 한참 남은 고객사가 있었다. 임원 1명 입사 일주일 뒤 계약 해지 통보받았다. 쓸데없이 돈 쓰고 있다나? 외상만 줄창 달던 고객사는 일만 죽어라 시키고, 나중엔 세금 계산서를 발행하지 않았는데도 '부탁' 핑계로 일 시켰다. 외상 대신 그 회사 경영, 마케팅을 책임지는 조건으로 폐업 후 합류했다. 어렵게 프랜차이즈 한 곳 영업을 뚫어 줬으나, 돈 벌 생각이 없었다.

결국 다시 취업 전선으로 나왔다. 나이 때문에 찾는 곳 없어 결국 2016년 5월, 다시 사업자 등록증을 발급했다. 2016년 6월부터

2017년까지 말 그대로 지옥을 경험하며 1차 폐업 결과인 부채를 거의 해결했다. 겨우 한숨 돌린 뒤, 2018년에 아이스크림 가게를 벌였다. 가게 열고 나니 경쟁점과의 갈등, 아르바이트생들이 돌아가며 치는 사고가 나를 흔들었다. 빚은 누적되고, PR 사업으로 번 돈은 가게 적자 메꾸고, 속칭 지랄 염병, 별짓 다 해도 돌파구 없이 다시 지옥행.

잘못된 길 찾아 들어간 내 사례를 정리하니 딱 3페이지다. 햇수로 따지면 6년이다. 중·고등학교 역사 교과서 펴 보자. 5000년 유구한 역사 중 고려 건국 직전까지 '퉁쳐' 대략 4000년 가까운 역사는 30장도 안 된다. 이 30장 안에 참 많은 일이 생겼다. 나라 제대로 경영하지 못한 신라 왕은 포석정서 술 푸다 견훤에게 죽었다. 드라마에서 "누가 기침 소리를 내었는가" 버럭, 관심법 운운하던 궁예도 축출당했다. 이 외에도 수많은 왕이 국가 경영을 잘못해 나라 이름과 함께 날아갔다.

그럴 때 있다. '안될 때는 진짜 아무것도 안된다'라는 말은 전 인류에게 적용된다. 이럴 때 대표들은 돌파구 찾으려 이리저리 분주히 뛴다. 다른 곳을 벤치마킹해 보고, 평소 안 보던 책도 읽는다. 전문가라는 사람을 찾아 다니기도 하고, TV나 유튜브서 성공했다는 사람들 얘기도 유심히 살핀다. 그런데도 안될 때는 기가 막힐 정도로 아무것도 안된다. 친한 사람들이 옆에서 한마디씩 건네는 조언도 스트레스다. 제일 미치는 건 사업하는 본인인데 주변 사람들은 그걸 모른다. 그냥 좀 놔두면 좋으련만.

PR 현장, 영업 과정서 만나는 대표들에게 꼭 받는 질문 있다. 이럴 땐 어떻게 해야 하냐는 것. 이럴 때는 먼저 '내 방식'이라는 사실을 말하고 한 가지 알려 준다.

"그냥 잠시 두시면 어떨까요?"

이 말 꺼내면 90%는 "바빠 죽겠는데 무슨 소리냐?"고 반문한다. 이해된다. 당장 돈은 돌아야 되고, 사업은 계속 해야 하고, 고객과의 약속도 있고… 이른바 '쓰리고'를 늘어놓는다. 그 외의 반응도 참 다양하다. "당신이 뭔데?" 정도는 양반. 욕이나 안 하면 다행. 나름대로(?) 충신들은 난리다. 심할 땐 전화로 "너는 뭔데? 우리는…" 소리도 듣는다.

'그냥 잠시 두시면 어떨까요?'는 내 요령이다. 힘든 일 많이 겪어 나름 내성 생기는 과정서 찾은 대처법이다. 이 순간, 글 쓰는 지금도 말도 안 되는 일들이 수없이 '짠' 하고 생긴다. 내가 말하는 그냥 잠시 두라는 방법은 아예 손 떼라는 소리가 아니다. 계속 말해 달라며 경청하는 10%의 대표들께만 뒷얘기를 꺼낸다.

"숲에서 잠시 나오십시오."

나는 '숲속에 있으면 숲을 못 본다'라는 말을 달고 산다. 항상 이 것부터 시작한다. 매우 단순한 의미다. 그냥 두는 건 아무것도 하지 말라는 소리가 아니다. 아무것도 안될 때 잠시 멈추고 지금 있는 숲 속(회사 조직, 단순 업무)에서 나와 숲 전체(경영, 매출, 신사업)를 보라 는 뜻이다. 잠시 시간 가지고 머리 비우며 냉정하게 보라는 의미다. 참 미안한 말이지만, 무식한 사장이나 업주들은 본인의 머리 비우지 못하는 '미련함 최강자'들이다. 미련함으로 올림픽 하면 금메달은 다 우리나라 사장들 차지다.(외국 CEO는 많이 못 만나 봐서…) 미련함으 로 무장하고 냉정한 시각이 없으니 좋은 결과가 나올 리 없다.

잠시 딴짓하며 한잔해도 좋다.
하루 정도 시간 내 여행이나 딴 곳 찾아 머리 비워야 된다.

이게 내가 말한 '그냥 잠시 두시라'는 의미다.

사업에는 성과 나오는 시간이 있다. 업계나 분야마다 다르지만, 내 경험과 그동안 만났던 대표, CEO들의 경험 모아 분석하면 대략 8개 월~12개월 정도다. 이 정도면 '고'인지 '스톱'인지 대략 판가름 난다. (농사 빼고) 나보고 어떻게 판단하나 물어보면 내 요령을 설명한다. 어렵게, 있어 보이는 척 '성과 지표', 'KPI' 어쩌고 하면 머리만 더 아프니 최대한 쉽게 한다. 더본코리아 백종원 대표를 벤치마킹했다. 신메뉴 개발 때 백종원 대표는 직원들 불러 모은 뒤 이렇게 결정한다. "이거 사 먹을 사람 손들어" → "5000원 손들어" → "7000원 손들어" → "사이드 메뉴여, 안주여?" 등등. 직원들과 메뉴 개발 후, 이런 단순화 과정을 거치기 때문에 신속한 결정을 내릴 수 있고, 필요시 과감한 철수도 가능한 것이다.

해당 분야 사업 시작한 지 6개월 정도 지나면 성과를 늘어놓고 냉정하게 봐야 할 필요 있다. 아래 예시는 내가 사용하는 방식이다. 각자 자신의 방식대로 질문과 추가 확인 사항을 찾아야 한다.

> ① 고객, 회원 늘었는지 – 안정된 사업 운영 위한 인프라 측면
> ② 매출 늘었는지 – 부채 상환과 재투자, 통장 잔고 확보 측면
> ③ 마케팅 공략군(직업, 나이, 성별 등)에서의 인지도 – 입소문, 바이럴 측면
> ④ 가족, 일가 친척들 반응
>   – "내 지인한테 네 사업(서비스, 제품) 좋다 얘기 들었다. 너 소개해 달라더라."
>   – "우리 가족(부터 일가친척 아무나 상관 없음) 친한 분이 그 서비스, 제품 나오는 회사 다닌다고 하니 부러워 하더라."
>   ※ ④는 가장 단순하지만 가장 빠르고 효과적인 입소문 측정 방식.

아무리 해도 안될 때면 잠시 머리 비우자. 그 뒤 곧바로 해당 서비스, 제품, 사업 반응부터 보는 것이다. 1~4번까지 모두 해당되는데 돈 벌리지 않으면 문제점을 찾아 수정하면 된다. 마케팅 방식이 틀렸는지, 아니면 여기에 다른 추가 요소를 투입한다든지 등등…. 이런 성과 없거나, 처음 생각한 목표치의 20%도 미치지 못한다면 과감히

접는 것도 방법이다. 그런데, 대부분 쏟아부은 게 아까워 그러지 못한다. 이게 다른 사업 성과까지 갉아먹어 재기 불능 원인이 된다.

성과가 목표의 20%도 안 되면 그냥 엎어 버려야 한다!

첫 문장처럼 당신은 물론 당신이 만나는 사람들 모두가 힘겨운 싸움을 하는 중이다. 그 힘겨운 싸움에서 이겨 내는 것이야말로 참된 보람이다. 그런데 왜 힘겨운 싸움을 하나? 전쟁이나 싸움에선 상처투성이 영광이 필요할 때도 있다. 하지만 상처투성이 영광은 없는 게 더 낫다. 나중 위해 힘겨운 싸움은 최대한 피해야 한다. 앞으로 더한 상황, '대환장 파티'는 기필코 당신을 찾아온다. 진짜다. 기대하시라. 무엇을 예상하든 대표들의 앞날에는 '환상' 넘어 '환장'할 만큼 난처한 일들이 저 모퉁이에서 빙긋이 웃으며 기다리고 있다. 더 힘든 일이 많이 생길 텐데, 벌써 체력 떨어지면 어떻게 하나?

한고조漢高祖 유방劉邦의 특기는 도망. 싸움 불리하면 손가락질 받아도 후퇴했다. 심지어 부인도 버리고 튀었다. 세계 정복한 몽골 영웅 칭기즈 칸도 불리하면 그동안의 피해를 감수하고 철수해 다시 작전을 꾸몄다. KBS 〈역사저널 그날〉에서 장개석(장제스)과 모택동(마오쩌둥)을 비교한 적 있다. 모택동 승리 원인 중 하나는 필요 없는 전투는 하지 않은 것이었다. 그는 필요하면 근거지도 버리고 도망한 뒤 유격전을 벌였다.

반면 장개석은 점령한 영토 지키는 방어 전략을 썼다. 지킬 게 많으니 이랬다저랬다 하다 결국 당했다는 분석이다. 군이 멀리 보지 말자. LG 전자는 2021년 '휴대폰 사업 철수'라는 폭탄선언을 했다. 그동안 LG가 휴대폰 사업에 투자한 돈은 가히 상상하지도 못할 금액이다. 하지만, 과감한 선택을 한 것이다.

이런 얘기를 대표들과 나누면 끄덕이는 사람도 있지만 대부분 '아니다'라는 반응. 이해'만' 된다. 하지만 그동안 투입한 비용이 아깝다고 계속 끌어안고 있으면 결국 피해는 당신 몫이다. 직원들이야 이직하면 그만이다. 당신이 져야 할 금전적·물리적 피해는? 돈 없으면 죄인인 자본주의 시대다. 매우 나쁜 평판이 이어진다. 그 뒤는? 신용떨어져 은행, 대부업체에서도 대출이 거부된다. 친한 사람들도 돈을 안 빌려준다. 아이스크림 가게 무식하게 버틸 때, 두 달 연속 선배에게 "수수료 내가 낼 테니 카드 서비스 받아 달라" 했다가 돈도 못 빌리고 석 달 동안 욕만 먹었다.

나는 머리 비우고 싶을 때마다 제주 올레길을 무작정 걷는다. 2018년 10월, 내가 한 말을 실천했다. 올레길 찾아 그냥 아무 생각 없이 쓰레기 줍고, 게스트 하우스서 웃고 떠든 뒤 냉정하게 생각했다. 돌아와 가게 두 곳을 모두 내놓고 걸어 잠갔다. 더 버텼으면 더 큰 빚이 생겼을 테고, 그랬다면 지금도 없었을 것이다. 이런 비참함은 두 번 다시 겪기 싫고, 겪지도 않을 것이다.

어쨌든… 사업하다 보면 아무것도 안되는 상황이 반드시 찾아온다. 코로나19 무증상 감염처럼 본인만 못 느꼈지 이미 몇 번 겪었을 수 있다. '안될 때는 아무리 해도 다 안되는 때'다. 이럴 때일수록 잠시 내려놓고 냉정하게 봐야 한다. 그래야 사업이 더 잘 된다.

대표들께 고함

아무것도 안될 때 첫 증상(?)은 '요즘 왜 이러지?'라는 생각. 이 말 떠오르면 어느 정도 진행된 상황이다. 당신 사업 분야의 가장 큰 전문가는 대표 바로 당신이다. 잠시 시간을 가지고 숲속에서 나와 머리 비우고, 숲을 바라보듯 냉정하고 객관적으로 진행 내용을 점검해야 한다. 또, 시작 때 본인 노하우로 8개월이나 1년 정도 계속 해당 분야 사업을 확인하고, 점검 내용을 작성해 놓자. 단, 어렵게 만드는 건 절대 금물! 좀 있어 보이려 하다간 원인도 찾지 못하고 쓸데없이 스트레스와 일거리만 또 만드는 셈이다.

03

소금과 고춧가루
치우는 것도 대표의 몫

웹툰 〈천리마마트〉는 드라마로 제작될 만큼 인기가 높았다. 내 큰 머리통에 강렬히 남은 드라마 대사는 '빅똥'이다. 대표의 실수 아닌 것들 중 가장 힘들게 만드는 원천은 다른 '것들'이 친절히 가져다주는 수많은 '사고'다. 하지만, 이런 외부, 다른 사람 잘못, 직원이 저지른 큰 실수도 결국 수습은 대표 몫이다. 난 이를 〈천리마마트〉 대사처럼 '거대한 빅똥'이라 말한다.

사업은 경쟁 환경에 반드시 노출된다. 본인 사업은 그렇지 않다고 자부하는 대표는 꼭 연락 주시라. 수단과 방법 가리지 않고 경쟁자를 찾아 드리겠다. 그래도 없으면? 석달 PR 대행 무료에 언론 통해 스타, 안되면 최소한 업계서 인정받는 유능한 CEO로 브랜딩해 드리겠다. 진심이다.

어쨌든, 사업은 경쟁으로 시작해 경쟁으로 끝난다. 박 터지는 동종 업계는 기본. 전혀 상관없는 분야나 업체와도 '본의 아니게' 경쟁하는 황당한 상황이 벌어진다. 벼농사 짓는 농부農夫와 소금 만드는 염부鹽夫. 경쟁이 없을 것 같지만 서로 원하는 날씨가 다르다. 농부는 비, 염부는 해를 원한다. 날씨 하나, 햇살과 빗방울 하나 다른 걸 원한다. 여기서 나온 말이 '비 오면 농부가 술 사고 해 뜨면 염부가 술 산다'란 말이다.

아이스크림 가게 열고 구청(엄밀히 말하자면, 경기도 부천은 광역동 체제여서 '행정복지센터'다.) 찾아 담배 판매권을 신청했다. 3월에 판매 조합 실사 후 허가를 받았다. 당장 담배 들일 돈이 없어 대기 중이었다. 한 달 지난 4월 말, 행정복지센터에서 2주 안에 담배 판매 시작치 않으면 허가권을 회수하겠다는 연락이 왔다. 여기저기 급하게 돈 빌려 담배를 넣고 담당 공무원에게 시작을 알렸다.

일주일 뒤, 담배 조합서 누가 신고해 일어난 일이란 것을 알려 줬다. 자기도 담배를 팔고 싶은데, 내가 판매권을 가지고 있으니 지켜보다 '조용히' 신고한 것. 누군지 금방 알았다. (젠장.) 자본금을 충실히 준비하지 않은 내 탓도 있었지만, 신고 덕분에 빚과 이자가 착실하게 불어나게 됐다.

2018년 8월 중순 일요일. 사정 있어 빠진 아르바이트생 대신 오랜만에 1호점을 지켰다. 일요일 오전마다 찾는 노부부께서 뜬금없이 "어쩌다 이혼했냐", "애는 누가 키워?"라 말하며 불쌍하게 바라봤다. 장가는커녕 연애 때 상대 부모님께 인사도 못 해 본 사람 뒷골 잡게

했다. 아직 근처도(?) 못 갔다고 말하고 곧바로 가짜 뉴스 출처를 찾았다. 범인(?)은 다름 아닌 상가 다른 가게 주인. 당장 쳐들어가 따졌더니, 사과는커녕 대뜸 "1000원도 카드 받고 현금 영수증 되는 거 손님들한테 알려 주면 어쩌냐? 당신이 더 잘못했다"며 큰소리다. 대판 싸우려 자세 잡자 상가 총무가 말렸다. 그날 저녁, 집에서 소주 세 병 깠다. 다음 날 기자 미팅에 늦을 뻔했다.

이렇게 소금 뿌리는 사람들 덕분에 내 사업이 안될 때가 많다. 상도商道는 커녕 남 보고 베끼면서 소금, 고춧가루 뿌리는 건 기본이다. 나하고 원수 진 일도 없고 관계도 없으면서 일 만들고 가짜 뉴스 만드는 짐승 같은 것들도 차고 넘친다. 모조리 잡아다 어디 감옥에 넣을 수도 없고… 이렇게 외부적인 요인도 대표를 힘들게 하는데, 직원들까지 가세하면? 미치고 환장할 노릇이다.

한참 사업이 안되던 2015년 5월. 빚으로 버틸 때 여자 직원 하나 키우겠다고 카드 할부로 한겨레 신문 문화센터 PR 과정에 입교시켰다. 뭐라도 가르쳐야겠다는 심정과 아무리 내가 가르쳐도 안돼 혹시 다른 사람에게 배우면 달라지지 않을까 해서였다. 기본도 안 됐던 이 직원은 그런 두목의 심정을 알 리가 없었다. 평소에도 사건, 사고, 결례를 저지르는 데 선수였다. 기자 미팅 중에도 양해 없이 갑자기 전화 받으러 나가 상대방 민망하게 만드는 건 기본, 교통카드 충전 후 경비 증빙 영수증을 제출하지 않아 혼냈더니 "왜 내가 잘못한 거죠?"라고 말하는 당당함까지….

모든 걸 뛰어넘는 결정적 한 방은 일주일 무단결근. 실종 신고까지 하려던 차에 나타났다. 그리고 한다는 소리는 자긴 잘못한 게 없다는 것. 출입카드도 반납치 않고 퇴사했다. 노트북 정리하다 뒷목 잡을 뻔했다. 답답해 페이스북에 넋두리 남겼더니 업계 선배이자 대행사 대표 한 분은 "나중에 그 직원 면접 본 회사에서 확인 전화가 오면 있었던 일 그대로 말해 줘라. 안 그럼 그 회사도 크게 힘들어진다"고 충고해 주셨다. 남은 직원 하나는 고객사가 마지막 계약 해지를 통보할 때까지 본인 실수를 모두 짬 시키고(미루고) 있었다. 예전 잡코리아 광고 중 '당신은 국장인가, 청국장인가'라는 카피처럼….

사업하면 이런 일은 '당연지사'다. 과부 사정 홀아비가 알 듯, 대표들과 술 한잔하며 얘기를 들으면 같이 울분 터진다. 분명 내 잘못이 아닌데도 때와 장소 가리지 않고 문제가 생긴다. 이렇게 저렇게 고춧가루, 소금에 후추가루까지 섞어 뿌리는 경우가 비일비재하다. 다른 사람은 몰라도 나는 너무 잘 안다. 이건 절대 당신들 잘못이 아니다.

하지만 피할 수 없는 게 현실이다.

나와 전혀 다른 분야와도 경쟁하는 것이 사업. 원래 어쩔 수 없는 직원들은 어르고, 달래고, 화내고, 뭐라고 해도 안 바뀐다. 속된 말로 집서 어떻게 가르쳤는지 몰라도 회사를 학교로 이해하는 직원들도

차고 넘친다. 이런 내외부적 상황이 모이면 앞서 말한 '거대한 빅똥'
된다. 이 빅똥은 빨리 치우지 않으면 냄새를 풍기기 시작해, 썩어 문
드러지면서 파리와 구더기가 꼬인다. 그러면 나중엔 거짓 뉴스가 사
실로 둔갑해 사업 전체에 나쁜 영향을 준다.

소금, 고춧가루 뿌리는 외부적 요인.
확인 즉시 치워야 된다.

외부발 이상한 소문이 시작되면 나는 이렇게 대처한다. 가짜 뉴스
퍼트리거나 애먼 사람 험담하는 이들에게 문자 먼저 보낸다. '그만해
라. 당신이 만든 가짜 뉴스로 이상한 소문 생긴다. 관두지 않으면 가
만있지 않겠다'가 주 내용. 더 자세하게 하려면 육하원칙에 맞게 이
메일로 써 보내는 것도 방법이다. 그래도 관두지 않으면 통화 녹음과
여러 방법으로 증거를 남겨 둔다. 이때는 "그냥 넘어가지 않는다"라
고 정확히 전달해야 하고, 귀찮더라도 상대가 관둘 때까지 집요하게
물고 늘어져야 된다. 이래야 뻥 퍼트리는 것들에게 '여차하면 내가
피해 입는다'란 반응을 끌어낼 수 있고, 앞으로 가짜 뉴스 만들 엄두
도 못 낸다. 이때 사실은 주변에도 널리 알려야 한다. 그래야 가짜 뉴
스를 만든 사람의 신용이 떨어진다. 그래서 또 이상한 말 만들어 내
더라도 양치기 소년마냥 더 이상 사람들이 믿지 않는다. 어설픈 관
용을 베풀면 절대 안 된다. 내가 입은 피해를 떠올리며 무섭게 대응
해야 한다.

장가 못 간 독거 중년을 이혼남으로 만든 그 주인. 2주 동안 다른 가게 주인들에게 물어보며 증거를 모았다. 이러니 소문 떠돌게 마련. 같은 상가에서 닭강정을 파는 친한 남자 사장 한 분은 내 얘기를 듣고 열받아 하셨다. 이러며 소문 만들어 낸 가게 주인에게 사과 요구했다. 상가 회장, 총무에게도 가짜 뉴스로 문제 생기면 가만있지 않겠다 경고했다. 이러며 새로운 사실을 확인했다. 내 가게서 아르바이트생에게 지랄했던 경쟁 아이스크림 가게 사장도 소문이 사실인 양 말하고 다녔던 것. 찾아가 '내 가게 근처에도 얼씬거리지 마라' 경고했다. 곧바로 가게에 '상도 어지럽히는 경쟁 가게 출입 금지' 경고문을 붙였다. 손님들이 물어보면 사실을 설명해 줬다.

　2주 지나자 상가 회장, 총무, 가짜 뉴스 원흉 세 사람이 함께 와서 화해를 권했다. 화해? 피해자는 난데? 따졌다. 심상찮은 상황에 손님들이 가짜 뉴스 원흉에게 한마디씩 했고, 그 가게는 손님이 떨어지기 시작했다. 며칠 뒤 찾아와 진짜 미안하다고 사과했다. 그 뒤 이상한 소문은 없어졌다. 다시 한번 말하지만 외부서 발생한 상황은 '자비는 없다'란 마음으로 독하게 대처해야 내 사업에 지장 없다. "그럴 수도 있다", "부처님처럼 자비 베풀어라", "예수님은 왼뺨 맞으면 오른뺨도 내주라 하지 않았냐" 등의 말이 나올 때도 있다. 물론 예수님이나 부처님은 그러실 분이다. 하지만, 나와 당신은 예수님, 부처님이 아니다. 원수는 사랑해서도 안 되고, 저지른 만행은 절대 용서해서는 안 된다.

내부서 생기는 직원 문제를 해결하려면 취업 규칙, 사규에 '문제가 생길 수 있는 부분'을 명기하고, 이를 수회 반복 시 징계 혹은 퇴사한다는 규정을 만들어야 된다. 이는 노무사와 반드시 상의해 노동법에 따라야 된다. 그리고 직원들과 최종 상호 협의를 마쳤다는 근거도 반드시 남겨야 한다. 잘못한 직원이 퇴사했을 때, 만약 근거가 없으면 당신과 나머지 조직원들에게 피해가 돌아온다. 취업 규칙, 사규에 명시하는 내용은 실적이 아닌 근무 태도와 고객사·고객 항의가 중심이 돼야 한다. 물론 객관적일 수 없다. 진상 고객들 행패도 있으니, 입사 때 기본 취업 규칙을 설명한 후 1년 뒤 근로 계약 갱신 때 그동안 있었던 일을 객관적으로 협의해 명시하면 된다.

다시 한번 더 강조하지만 퇴사 규정은 상호 협의했다는 사항을 반드시 명시해야 한다. 물론 인지상정이라고 대형 사고가 아니면 그냥 웃어넘겨 주는 것도 좋다. '우리 대표는 대인배다'란 이미지도 심을 수 있는 건 덤. 하지만 시정해야 할 부분이 고쳐지지 않으면 내부서 고춧가루만 뿌려 당신만 계속 힘들어진다.

아이스크림 가게를 운영할 때 아르바이트생들과도 반드시 근로 계약서를 썼고, 4대 보험에 가입시켰다. 또, 나름 취업 규칙도 만들어 첫 근무 때 30분 동안 설명해 줬다. 내가 만든 장치는 '경고 3회 누적 시 퇴사' 조항이다. 1호점 일요일 아르바이트생은 두 번째 근무 때부터 지각하기 시작했다. CCTV로 확인하니 30분 동안 나타나지 않았다. 전화하니 안 받았다. 가장 많이 팔릴 일요일 오전이라 미치고 환장할 노릇이었다. 20분 뒤 도착했다는 전화가 왔다. 가게 문은 열리지도 않았는데 말이다. 분명 CCTV 있다고 이야기했는데도 거짓말이다. 그날 잔소리 제대로 했다. 하지만 계속된 지각과 거짓말만 늘어놓았다. 경고 2회 때 다시는 봐주는 일 없으며, 경고 1회 남았다 주의를 줬다. 하지만 2주 연속 또 지각. 심지어 두 시간이나 늦게 나타났을 때도 있었다. 결국 마지막 경고 날리고 아르바이트 비용을 입금해 줬다.

대표들께 고함

외부 요인으로 생기는 '거대한 빅똥'을 바로 치우지 않으면 결국 당신 손해다. 내가 잘못한 게 없는데도 사업하다 보면 이런 일이 꼭 생긴다. 피해 입지 않으려면 증거는 반드시 남겨 놔야 한다. 다시 보기 싫은 쓰린 기억도 남겨 놔야 된다. 변호사들은 "내가 죄지은 적 없어도 무죄라는 사실과 증거는 남겨야 피해 보지 않는다"라고 조언한다. 내외부에서 내가 아닌 다른 것들이 일으킨 빅똥은 최대한 빨리 치우고, 그 과정서 '내가 무죄라는 근거'는 반드시 남겨야 한다.

04

어디까지
말아먹어 봤나?

2018년 투잡으로 시작한 아이스크림 가게. 앞서 설명한 것처럼 딴 주머니 차겠다고 시작했다. 뭐… 차긴 찼다. 빚주머니만. 처음 시작 땐 머릿속에 '말아먹는' 상황 따위 없었다. 2년 정도 운영하며 돈 모은 뒤 권리금 받고 털 생각만 했다. 여기에 근황 묻는 사람들에겐 '있어 보이게' 답해 주는, 뭐 그런 어쭙잖은 미래만 꿈꾸고 있었다.

본격적으로 말아먹기 시작한 것은 두 번째 가게 때부터였다. 손에 쥔 현찰이 없어 케이블 채널서 광고하는 대부업체 두 곳에서 돈 빌렸다. 여기서 끝이 아니다. 말로만 듣던 '일수'까지 끌어다 썼다. 그것도 두 번이나.

어쨌든 2018년 11월에 가게 운영을 끝냈다. 피해를 계산해 보니 제대로 돈 날렸다. 가게 두 곳 합해 인테리어 비용 포함 기본 투자 7000만 원, 대부업체, 제3금융권(캐피털), 제2금융권(보험, 카드), 제

1금융권(은행), 제0금융권(친구, 친척)까지…. 누적된 빚만 1억 4000만 원이었다. 여기에 이래저래 가게 운영하며 날린 비용까지 다 합하면 2억이 넘었다. 이 정도면 보통 아무것도 하기 싫어지고 은둔 생활이 시작된다. 심할 경우 좌절 모드가 지속돼 공황에 빠지는 경우도 있다. 그나마 난 다행이다. 홍보, PR이라는 본업이 있어 좌절할 여유도 없이 바쁘게 지내야 했다. 그리고… 뭐 어쩔 건가? 손가락만 빨 순 없으니 일해서 갚아야지.

많은 사업자는 새로운 분야로 진출하며 이래저래 투자를 많이 한다. 조직 구성, 인력 준비, 시스템 확정 등등 이 투자들 모두 돈이다. 잘될 땐 상관없다. 이 책 읽고 있는 사람들도 다 안다. 큰돈 쥐기 위한 M&A(기업의 인수·합병) 목적과 진짜 바보 아니고는 잘되는 것 절대 안 접는다. 문제는 들인 돈과 '본전'에 집착해 생긴다. 또, 원 플러스 원 마냥 뒤따라오는 명성 흠집, 뒷담화를 듣고 싶지 않아 오기 부리기도 한다. 참 잘하는 짓이다.

사업 할 때 실패나 실수는 경험할 수 있다. 이건 냉정히 받아들여야 한다.

본전 생각에 버티다 생긴 부채는 신규 시장 진출과 새 사업 준비에 큰 걸림돌이다. 또, 숨은 부채가 하나 더 당신을 흔들 준비한다. 이건 돈을 날린 것보다 더 크다. '실패'라는 주홍 글씨와 주변에 큰소리쳐 놓은 것 때문에 생긴 '신뢰도 하락'이다. 열심히 해결하려 해도 신용 잃어 타박과 면박은 생활화된다. 돈 없다 소문나면 잘 대해 주던 사람들도 돌아선다.

소설《상도商道》를 각색해 2001년부터 2002년까지 총 50부작으로 방송한 동명의 MBC 드라마〈상도〉는 내가 제일 좋아하는 인생 드라마다. 드라마에서 송상松商 어음 만기가 돌아오자 만상灣商 도방都房은 평안도 일대서 자금 변통을 시도했다. 물론 꽝. 평안도 제일 부자였던 만상 도방 홍득주의 대사 "30년 쌓은 내 신용이 이것밖에 안 됐던가"가 당신 말이 될 수 있다.

어디서 불러 떠들 일(강의) 있으면 나는 이렇게 정의 내리고 말한다. "어디까지 말아먹어 봤나?" 이는 부채뿐 아니라 사람들 반응까지 모두 포함하는 비용. 대표는 성공하면 미담과 경제적 자유 가질 수 있다. 하지만 실패로 생기는 모든 고통도 감수해야 하는 자리다. 듣기 싫어도 이 사실을 언제나 가슴 깊이 새겨야 한다. 내가 스스로 판 실패란 무덤, 내가 해결해야지 누가 해결하나? 그냥 멍하니 손가락 빨고 있을 순 없는 게 현실이다.

난 이렇게 했다. 앞서 말한 대로 올레길 걸으며 머리 비웠다. 빚 갚으며 열심히 살아 나가는 모습을 보여 주는 게 그동안 말아먹은 걸 복구하는 유일한 길. 큰 대가리서 이런저런 계획 세우고 메모한 뒤 하나씩 실행했다. 부채 해결은 이랬다. 폐업 후 시작된 빚잔치에서 일수부터 털었다. 한 번에 갚으니 50% 이자 할인받았다. 본업에 다시 전념한 2019년 2월부터 이 악물고 원금과 이자를 함께 상환했다. 최소한의 생활비를 제외한 건 무조건 원리금 상환에 썼다. 6월, 마이너스 통장 갱신일이 다가왔다. 신용도는 바닥, 마이너스 연장하려면 680만 원 중 620만 원을 입금해야 했다. 다 갚아 버렸다. 빚 통장 하나와 이자를 없앤 것. 이를 기폭제로 본격 '부채 탈출'이 시작됐다.

부채 상환 때 생긴 요령은 두 가지. 첫 번째는 앞서 말한 것처럼 돈 생길 때마다 갚는 것이다. 매달 일정하게 원금을 상환했다. 원금이 줄자 당연히 이자 부담도 같이 줄었다. 두 번째 요령은 덩치 큰 것보다 상대적으로 작은 빚 해결이다. 속칭 '소규모 전투' 끝내고 전투력 집중해 큰 것 털겠다는 전략. 소규모 부채들은 주로 제3금융권(캐피털, 저축 은행, 카드 대출)이었다. 이 부채들은 상대적으로 적은 규모라 '한 놈만 패' 작전으로 털었다. 이율도 높아 빨리 털어야 했다. 3금융권 끝내고 2금융권으로 넘어왔다. 여기도 매달 원리금을 꼬박꼬박 갚았다.

처음엔 듣고 '그러려니' 했던 제도가 떠올랐다. '금리 인하 요구권'. 바로 금리 인하를 요구해 이자 부담을 더 줄였다. 이렇게 이율 비싼 곳부터 해결하면서 적극적으로 부채를 상환해 2년 지난 2021년 10월. 대출은 제1금융권 전세자금 대출과 신용 대출 딱 두 개만 남았다. 이때는 총구(?)를 '제0금융권'으로 돌렸다. 친지, 친구, 주변인, 군대 동기에게 진 빚을 갚았다. 2022년 5월, 남은 금융권 빚도 모두 상환했고 2001년 6월 이후, 처음으로 모든 부채에서 해방됐다. 모든 부채를 털자 사람들이 대하는 것도 달라졌다. 내 스스로는 '어디까지 말아먹은' 물리적 부담과 심적 고통서 해방됐다.

부채 해방에 가장 큰 걸림돌은 '목돈' 들여야 할 때다. 사업하는 사람들의 큰 부담은 인건비와 절대 피할 수 없는 세금과 준조세다. 부가세를 비롯한 각종 납세 의무, 법인 아닌 일반과세자(개인 사업자)라면 5월에 내야 하는 종합소득세도 있다. 일반과세자(개인 사업자) 중 직원 없는 1인 기업이나 프리랜서는 건강보험, 국민연금이 지역 가입자다. 이런 사람들은 법인과 달라 건강보험료, 국민연금 비용이 높다. 이 목돈 털릴(?) 시즌 다가와 어떻게 하나 '짱구' 굴리며 궁리하다 신용카드를 꺼냈다.

모두가 잘 알다시피 국세, 사회보험은 카드 결제 수수료가 붙는다. 하지만, 목돈을 쪼개 낼 수 있어 부채 상환에 큰 도움이 된다. 미친 척 '광고 수신' 설정해 놓으면 포인트나 각종 혜택을 안내받을 수 있다. 예를 들어 국세, 4대 보험료 낼 때 자기네 카드를 쓰면 할부 수수료나 결제 수수료를 무료로 해 준다는 것들이다. 카드 신공으로 목돈 부담을 줄여 부채 상환에 힘썼다. 아파트 거주자들은 관리비 납부도 카드로 하면 포인트도 쌓고 수수료를 내지 않을 수 있다. 얼마 되진 않지만 이렇게 쌓은 포인트를 현금으로 전환해 이자 비용에 보탰다. 이 방식을 주변 사람들에게 알려 줬더니 처음에는 '황당', 두 번째는 '진짜?', 세 번째는 '나도'로 바뀌고 있다.

사업 실패를 겪으면 이런 물리적 부채와 함께 뒤따르는 낙인은 큰 상처다. 극복하는 과정에서 조직 고통 감수와 불만, 대표 개인적으로는 가족과 친지 및 친구들의 점잖은 질책(?)과 동종 업계의 조롱 어린 눈길들도 따라온다. 어쩔 수 없다. 반대급부를 생각하며 견뎌야 한다. 어려움 극복했다는 프리미엄이 그것. 성공 스토리는 누구에게나 부러움을 일으키고 "나도 저렇게"라는 말이 나오게 만든다. 위기 탈출과 어려움, 실패 극복은 부러움을 넘어 팬덤까지 만든다. 물론 맨날 말아먹는 이른바 '국밥 CEO'는 제외다. 이렇게 일어서면 당신은 물론, 회사 내부 조직과 동종 업계, 일가친척, 사돈의 팔촌까지 당신을 다르게 본다. 매우 훌륭하고 아름다운 큰 브랜드가 되니 꼭 기억하며 사업해 나가야 한다.

물론 제일 중요한 건 말아먹지 않는 것.

앞서 이야기한 부채 해결 요령은 주변 사람들이 잘 써먹고 있다. 세금, 국세는 물론 건강보험료와 국민연금까지 카드로 납부하는 사람들도 몇 생겼다. 나는 요즘 주변 사람들이 이렇게 따라 하는 것을 보면 신기하다.

사업 철수와 실패로 생긴 부채는 다음과 같은 순서로 해결하는 것이 좋다.(내 의견)

① 상대적으로 덩치 작은 빚
② 덩치 작으며 이자 높은 빚
③ 매달 원금 일정 금액 반드시 상환(이자 같이 줄고, '금리인하요구권' 가능)
④ 주변인에게 빌린 돈
⑤ 가장 덩치 크고 이율 낮은 대출

카드 무이자 할부 신공도 쓸 만하다. 카드사 광고 알림 및 문자 받다 보면 '국세 카드 수수료 무료', '국민연금, 건강보험 신청 시 1년간 수수료 면제' 같은 혜택도 있다. 활용하면 부채 상환에 큰 도움이 된다. 참고로 난 건보, 국민연금 모두 카드로 수수료 안 내고 납부 중이다. 국세는 안 되지만 이건 카드 포인트를 인정받는다. 아시아나 마일리지 카드 쓰니…(이하 생략. 자세한 건 맨 뒤에서 확인하시라.)

싫어도 마주하라

누구나 실수와 실패를 겪을 수 있다. 다시 겪지 않으려면 이를 마주하고 상대하며 가슴 깊이 새겨야 한다. 너무나 쉬운 행위(?)다. 이름만 대면 알 만한 자수성가형 CEO나 그룹 총수들도 언제나 성공만한 것은 아니다. 사업 분야마다 작은 실패와 실수 몇 차례씩 겪었다.

역사적으로 큰 전승 이끈 장군들도 전투에서 몇 차례 깨진 경험이 있다. 불패 신화 만든 불세출의 영웅 충무공 같은 분은 앞서 말한 '빅똥' 같은 것들 때문에 누명 쓰고 고문까지 받았다. 실패부터 실수, 주변 환경까지…. 대표는 언제나 이를 마주 보고 있어야 한다. 당연한 얘기지만, 이렇게 안 해서 경영과 실적 등 모든 상황이 어려워지는 것이다.

부끄러운 얘기지만, 난 두 번의 실패 속에 남은 처참함과 처절한기억들을 모두 남겼다. 서재 벽 가장 잘 보이는 곳에 그때의 실패를 꽂아 두고 있다. 답답하고 어려울 때마다 다시 노려본다. 일수 받았던 장부, 미수금 가득 쌓인 아이스크림 영수증. 휴대폰에도 '망한 가게' 폴더에 사진을 남겨 놓고 있다. 첫 폭망 때 사무 집기 처분하던 사진, 첫 가게 주변에 우후죽순처럼 생겼던 경쟁 가게들 사진까지. 정말 힘들 때나 조금 나태해진 것 같으면 꺼내 본다. 올레길 걸을 때나 최고의 기분일 때도 꺼내 본다. 절대 또 이런 실수치 않겠다는 다짐이랄까? 뭐, 그런 의미로. 그리고 언제나 이 기억들과 함께 남긴 메모도 챙긴다. 같은 실패 겪지 않기 위해 했던 메모는 혼자만의 매뉴얼로 진화시켜 남기고 있다.

예전에 알게 된 친한 쇼핑몰 대표와 퇴근 후 한잔했다. 월 매출 4000만 원을 넘기고 이제 곧 순항하려던 사람이었다. '문만 열면' 잘 나가는 곳으로 입장할 수 있는 상황이었지만 그는 문고리만 잡고 있었다. 도매 업체의 실수, 고객들의 반품, 생각만큼 빠르게 오르지 않는 매출 등 답답한 일들이 발목 잡고 있던 거였다. 한잔하며 털어놓는 푸념은 "요즘 매일매일 매출 현황과 세무사가 보내는 기장 엑셀 파일 보는 게 제일 싫다. 보면 스트레스받아서 아무 일도 안된다"였다. 나와 만나기 2주 전부터 한 번도 파일을 열어 보지 않고 있었다.

모임서 만난 한 중소 제조업 대표는 출근할 때마다 직원 꼴 보기 싫어 답답하다고 했다. 뽑아 놨더니 일을 잘하긴 잘하더라는 것. 문제는 어느 순간부터 지시 듣지 않고 마음대로(?) 한다는 것이다. 마케팅, 영업 분야의 전문가 아니다 보니 직원 의견을 존중해 줬는데, 이제는 회의 때마다 자기가 느끼기엔 대표의 권위를 깎는 발언도 서슴지 않는다고 했다. 게다가 회사에 파벌을 만들어 뒷담화까지 하는 것 같아 스트레스받고 있었다는 것이다.

쇼핑몰과 중소기업 대표. 이들이 답답해하며 내 의견을 구하길래 말 꺼냈다.

"음…: 꼴 보기 싫다고 안 보면 어쩌십니까? 사업 어쩌시려고요? 그냥 접으려고요?"

직설적인 이야기지만, 이 외에 다른 모범 답안이 있을까? 나도 첫 실패에 접어들었을 땐 일주일 무단결근한 직원, 고객사와의 문제를 숨기고 짬 시키던 직원 때문에 미칠 뻔했다. 하지만 그들이 나가지 않는 이상 어떻게 할 수 없다. 더 재밌는 건 그동안 겪었던 이런 실패나 실수, 꼴 보기 싫은 상황보다 더 '판타스틱'하고 '아스트랄'한 상황은 진화에 진화를 거듭하며 나타난다. 찰스 다윈 같은 사람이 나타나 '사업, 지랄 같은 상황의 진화' 같은 책을 남기면 참고라도 하겠는데…

어쨌든, 싫어도 마주 봐야 한다.

대표들은 자신들의 업무상 실수는 물론 인간관계, 대외 업무 등 본인 생활 속 실수도 마주 보고 곱씹어야 한다. 속 쓰리고 스트레스 받아도 두 눈 부릅뜨고 그 상황과 원인, 남들이 만들어 놓은 빅똥까지 삭막 넘어 '싹막!'하게 노려봐야 한다. 또, 노려만 보지 말고 해결책 만들고 처리해야 한다. 이렇게 하지 않으면 실수가 계속되고 결국 당신 사업을 좀먹는다. 좀만 먹을까?

그렇다면 마주 보는 방법은 뭐가 있을까? 내게 방법 추천하라고 하면 '메모'다. 메모야 누구든 할 수 있는 것 아니냐고 하겠지만, 당신이 제대로 발전시켰는지 묻고 싶다. 여기서 백종원 대표 또 등장. 백 대표는 메모할 종이가 없을 땐 밥값 계산한 카드 영수증에 메모한 적도 있다고 했다. 그 습관들이 모여 지금의 더본코리아를 만든 것이다.

메모할 땐 아이디어뿐 아니라 나의 실수까지도 포함해야 한다. 이때, 끄적거리고 '보관'만 하는 메모 습관으로 그치면 절대 안 된다! '발전' 시켜야 한다. 잘나가는 CEO들은 메모 잘한다 알려져 있다. 이건 반만 맞는 이야기다. 그들은 메모만 잘하지 않는다. 사회적 '성공'이란 위치에서 회사와 조직 이끄는 대표들은 메모를 다시, 자주, 계속, 때마다 꺼내 본다. 초특급 국가대표 일류 CEO들은 이를 매뉴얼화한다. 누가 내게 물어보면 난 메모 습관으로 나눈 급을 이렇게 설명한다.

메모하지 않는 업주는 삼류.
메모만 잘하는 사장은 이류.
메모한 걸 자주 꺼내 보며 습관을 바꿔 나가는 대표는 일류.
메모한 걸 매뉴얼화해 미래에 대비하는 CEO는 초일류 대기업 총수 예정.

메모가 별것 아닌 것 같지만 매우 '유용'하고 '중요'하다. 단순히 메모만 하는 게 아니라, '메모→확인→재확인→적용→수정·발전→매뉴얼화'라는 공식을 만들어야 된다. 내가 자주 하는 잔소리, 훈수다.

사람 기억은 유한한 것이 정상이다. 어느 영화를 본 뒤, 몇 년 후 다시 보면 '어? 저건 그때 본 것 같지 않은데?' 하는 느낌이 들 때가 있다. 기억의 잔상은 언제나 내 맘 같지 않다. 나도 첫 책을 보며 고개 갸웃거릴 때가 있다. 분명 내 큰 대가리에서 나왔는데, 6년 지난 지금 다시 꺼내 보면 '어? 내가 이런 말도 썼나?' 할 때도 있다.

기억은 왜곡되게 마련이다. 나처럼 여러 실패 겪으며 나름대로 다양하게 말아먹은 놈들, 잘 일어서는 놈들에겐 이상한 능력이 있다. 그때는 지옥이었지만, 시간이 지난 뒤 자칫 잘못하면 기억을 미화시키는 능력. 초특급 사기꾼들은 '일본 역사 교과서 왜곡' 능력도 발휘한다. '왜곡'과 '자뻑'으로 미화된 기억은 향후 지속 가능한 사업이 아닌 지속 가능한 고통으로 변할 가능성이 높다. 이 근거 없는 자신감은 당신의 최종 목적지를 마포대교로 바꿀 수 있는 위험 요소다.

어쨌든, 자그마한 실수나 실패는 꼭 본인만의 방식으로 메모하고 자주 꺼내 봐야 한다. 그냥 보지만 말고 발전시켜야 된다. 정답이라고 할 순 없지만, 나라면 이렇게 할 것이다. '그때 A 상황이 앞으로 또 생긴다면 A-1로 대처, 만약 B라는 상황으로 이어지면 B-1로 대처'와 같은 발전형으로 다시 썼다가 월, 분기마다 하루 시간 내 매뉴얼로 정리하는 것이다.

상황은 단순하지만 메모는 계속 업데이트해야 한다. 재무나 마케팅, 영업 등 대표들은 이 모든 것을 본인의 방식으로 기록해 남겨야 한다. 이는 '싫어도 마주 봐야' 할 대표의 의무이자 성공하기 위한 최소한의 방법이다. 이는 나중에 회사의 전통과 근간, 문화로 발전하며 당신만의 '성공 스토리'를 만드는 중요한 사초史草가 된다.

이렇게 해서 성공한 사람 중 프로야구 염경엽 감독이 있다. 염경엽 감독은 현역 시절 백업 선수였다. 백업 시절, 그는 주루 플레이와 각종 습관을 보고 덕아웃서 꼼꼼히 메모했다고 한다. 이때의 메모와 기록으로 염 감독은 넥센 히어로즈를 한국시리즈에 처음 진출시켰다. 1990년대 염경엽 감독이 현역이었을 때와 선수, 코치진, 야구 트렌드, 플레이가 달라졌지만 야구라는 큰 틀서 재해석해 팀을 이끈 것이다.

남들은 몰라도, 나는 이 책 읽는 당신의 심정을 너무 잘 알고 이해한다. 앞서 이야기한 쇼핑몰 대표, 중소 제조업 대표들처럼 꼴 보기 싫은 것과도 마주해야 하는 일이 얼마나 큰 스트레스인지. 하지만, 그 싫은 상황들과 마주 보고 다시 겪지 않겠다는 마음을 굳건히 다져야 한다. 단, 단순한 기억과 느낌으로는 절대 안 된다. 당신만의 방법, 당신만의 습관으로 기록을 남기고 되새기며 대처법을 발전시켜야 한다.

다시 말하고, 또 강조하고, 잔소리처럼 계속 떠들겠다. 실패나 어려

움 극복 과정을 본인의 방식으로 기록, 근거로 남겨 놓고 발전 방향
과 대처법으로 만들자. 나중에 다른 어려움을 겪을 때 큰 도움이 된
다. 안 하면? 뭐, 어쩔 수 있나. 매일매일 스트레스 속에서 지내는 거
지. 심하면 지옥의 불구덩이를 겪는 것이고.

이런 습관으로 바꾸지 않고 어려워만 하고 있다면?

당신이 싫어하는 상황과 직원들은 지금 당신 모습을 보며 웃고 있
을지도 모른다.

경쟁사는 더 좋아할걸?

대표들께 고함

메모 습관. 직원 관리로 예를 들겠다.

A 직원 - 일주일 중 1회 지각

B 직원 - 이주일 중 1회 지각

C 직원 - 지각은 없으나 지쳐 보이는 게 역력

⇒ A 직원은 면담 후 계속 지각 발생 시 연봉 협상 반영 통보 혹은 페널티 부과.

　B 직원은 잦은 지각 아니지만 주변에 영향 줄 수 있어 주의로 끝.

C 직원은 업무 성과에 따라 인센티브로 격주 1회 오전 10시까지 출근 제안.

=〉이후에도 변화 없으면?

A 직원은 외부 활동 좋아하고 친화력 있으니 영업 부서 이동. 주1회 회사 미 출근 외부 영업 진행.

B 직원은 상황에 맞게 대처.

C 직원은 인센티브 제안.

※ 회사 전체 영향 미칠 수 있으니 지각 잦은 직원은 연차, 월차 삭감 공고

(직원 대표들과 회의 후 진행)

※ 향후 조직 확대 대비해, 1년 뒤 위 성과 보고 직원 관리 매뉴얼 총 정리 작성.

기본 골격 완성 후 2년에 한 번 상황에 맞게 개정.

노무사 협의 후 노동법 저촉 분야 확인 및 향후 사규, 취업 규칙으로 확대

'반드시' 나만의
노하우와 방식 찾기

메이저리그 오클랜드 어슬레틱스 부사장 빌리 빈Billy Beane. 야구 팬은 물론 사업하는 사람이라면 한 번은 들었을 이름이다. 빌리 빈을 모델로 한 영화 〈머니볼〉의 명대사가 있다.

"우리가 여기서 양키스처럼 굴면 양키스에게 지게 돼 있어."

자본과 시간, 지원, 조직만 있다면 누구나 다 성공한다.(자본, 시간, 지원, 조직 모두 없는 게 함정.) 이를 다른 시각으로 보면 세이버메트릭스를 철저히 분석·적용·수정해 본인만의 방식으로 만들어 성공했다는 뜻으로 해석할 수 있다. '자기만의 방식'을 찾는 것은 기업 경영자로서 매우 중요하다. 2000번 강조해도 지나치지 않는다. 반드시 찾아야 한다.

책 서문도 그렇고 전체 내용도 마찬가지다. 간곡히 부탁드리는 것은 자기만의 노하우와 방법을 찾으셔야 한다는 것이다. 세상에 똑같은 사람은 없듯이, 사업 운영도 각자 자기만의 방법이 있다. 성공 사례로 자주 언급되는 CEO들은 자신만의 방식과 노하우를 완성한 공통점이 있다. 성공한 사람들은 남들을 똑같이 따라 하지 않는다. '전투복에 몸 맞춰라'는 식의 억지 경영이나 관리를 하지 않는다.

방법만 빨리 찾으면 어려운 상황으로 가지 않는다. 돈 벌어도 시원찮은 판에 폐업과 빚더미에 앉았던 내 꼴은 생기지 않는다는 말이다. 방법을 알기 위해서는 본인 노력이 제일 중요하다. 내비게이션처럼 목적지 설정 후 안내만 받고 가는 건 사업이 아니다. 수많은 책과 안내, 코칭, 컨설팅 참고하시라. 본인이 쉽게 알 수 있고 곧바로 확인할 수 있는 '나만의 확인 리스트'를 꾸며야 한다.

독자들과 주변인들, PR 현장서 만나는 많은 사람이 내 노하우를 궁금해한다. 내가 만든 나의 실수, 실패 확인 사항은 이렇다.

○ 2014년 고객사 및 프로젝트 수주
○ 2015년 고객사 및 프로젝트 수주
...
○ 현 고객사 및 프로젝트 수주

■ **계약 확인 사항**

✔ 월별 매출 현황 및 계약 월

✔ 영업 미팅 및 주선, 소개 내용

✔ 계약 해지 월 현황

✔ 계약 해지 시 고객사 불만 사항 및 마찰

✔ 개선 사항

✔ 향후 재계약 가능 여부

■ 매출 확인 사항

✔ 연도별 월 평균 대행료 (중소기업, 스타트업, 중견기업, 대기업

　 이상별로 따로 작성)

✔ 향후 물가 상승을 대비해 적정하게 제안할 대행료는?

■ 각 항목별 발전방향

✔ 고객의 황당한 요구 대처 요령은?

✔ 20◇◇년 현재 은퇴 목표 자금 △△% 달성

→ "얼른 은퇴하고 산티아고 순례길 안 걸을 거야?!" (메모장에 실

　 제 있는 문구)

■ 메모법

✔ 스마트폰으로 그때그때 메모 작성 후, 외장하드에 저장

✔ 저장 메모 월 1회 섹션별로 분류 (한 달 뒤 진행 여부 확인)

예) 고객사명, 아이디어, 보도자료, 기획, 단신, 섭외 및 제안, 제휴 진행

✔ 이달의 문제 상황

＊ 소설《남북》2권 초반 내용; 예비군 모았을 때 줄 세우다 공격당

　　한 것 같은 상황

→ 20◇◇년 △△월 ○○일 벌어짐. 경쟁사 동향 미확인

＊ 드라마 〈상도〉 별시 때, 송상이 봉수대에 불지른 것과 같은 미대처

→ 20◇◇년 △△월 ○○일 벌어짐.

　나는 읽기 쉽게 서술형으로 풀어쓴다. 이렇게 메모와 확인 사항 작성 후 매월, 매 분기에 한 번씩 업데이트한다. 이게 내 방식이다. 어릴 때 만화《맹꽁이 서당》을 읽고 사학과 찾아 역사 전공한 게 도움이 될 줄 몰랐다. 사초史草처럼 작성하고 격월마다 정리한다. 이를 왕 붕어崩御 후 실록 편찬하듯 반기 1회, 1년에 1회 대비책과 예상 상황 작성 후 매뉴얼로 만든다. 그 뒤 매해 같은 월, 분기 때마다 다시 열어 보고 발전시킨다.

　참고로 PR 바닥엔 'PR 매뉴얼'이 존재한다. 보도자료 작성 요령부터 기자 응대법, 아이디어나 각 언론사 연락처 등을 수록한다. 여기에 언제나 터질 수 있는 위기상황 대응과 상황 발생 시 대언론 대응 요령도 들어 있다. 이 PR 매뉴얼들은 나뿐만 아니라 다른 홍보, PR 종사자, 공공기관 및 정부 부처 대변인들까지 매년, 매 분기 업데이트시킨다.

다시 한 번 강조하겠다.
똑같이 따라만 하면 절대 안 된다.
맞지 않는 것에 나를 억지로 끼워 넣으면 일만 늘리는 셈이다.

2장

사장이 알아야 할 불편한 진실 : 조직과 당신

사업은 계속되는 조직 구성 행위다. 나처럼 1인 기업을 택한 사람도 때가 되면 조직을 구성한다. 확장되면 당연히 새로운 인재 등용. 조직이 구성되면 내부엔 의견 차로 시작해 대립과 반목이 생긴다. 기본 중의 기본. 갈등이 전혀 없다는 건 '조선로동당'급 뻥이다.

문자로 기록이 시작된 역사 시대 이후 탄탄한 조직 구성을 이루며 커 나간 곳은 대표, 두목들이 문화를 잘 잡았다. 반대로 대표의 판단 실수, 잘못된 선택은 문제만 키웠다. 이 문제는 불만만 높이는 악순환 고리다.

잊지 말자. 교과서, 책에 나온 100% 완전무결한 조직은 현실에 결코 없다. 조선왕조실록에도 찾아볼 수 있다.

세종실록 34권, 세종 8년 12월 28일 정해 3번째 기사
「관물을 유용한 전 황해도 감사 김소를 삭직하고 자원하는 곳으로 안치케 하다」

사헌부에서 계하기를,

"전 황해도 감사 김소(金素)는 일찍이 제주 목사(濟州牧使)가 되었을 때 관물(官物)을 여러 곳에 뇌물로 주었으며, 또 진상(進上)하는 말[馬]을 이원(李原)에게 사사로이 사도록 허락해서 권신(權臣)들과 결탁하려고 제 마음대로 행동해서 의리를 잊어버렸사오니, 청컨대 직첩(職牒)을 거두고 파직시켜 내쫓아 서임(敍任)하지 말아서, 추세(趨勢)하는 풍속을 막으소서."

하니, 명하여 삭직시키고 자원하는 곳으로 안치(安置)시키게 하였다.

조선 최고의 성군聖君이자 치세로 평가받는 세종대왕 때도 뇌물 수수와 나쁜 일이 허다했다.

직원들은 이미
배신 준비 끝냈다

　제목부터 매우 삭막하고 재수 없다. "이게 무슨 소리냐!"라며 격분할 분도 있을 것이다. 나중에 혹 만나게 되면 욕해도 된다. 하지만 엄연한 사실이다. 단적으로 보자. 창업 멤버로 일정 주식과 지위 보장된 '동업' 개념의 조직원 빼고, '채용'으로 합류한 직원들은 신입, 경력둘 중 하나다.(낙하산 빼고.)

　그중 경력자들은 다른 조직, 회사나 동종 업계 혹은 다른 전문직서 일하다 관두고 왔다. 이들도 전 회사 대표 시선으로 보면 배신자다. 이유도다양하다. 면접 때 경영진이나 차·부장, 팀장급 이상에게 말하는 지원동기 중 아무리 잘 봐줘도 최소 60%는 거짓말이다. 그중 '이상 실현', '본인의 꿈', '예전부터 일하고 싶어서', '업계 최고' 같은 내용은 거의 뻥이다. 아니라고? 본인의 직장인 시절, 이직 면접 때 말한 답변 한 번만 떠올려 보시길. 희한한 건 '이전 직장보다 연봉 높아서', '월급 많이 받고 싶어서', '예전회사 사람들 싫어서' 같은 솔직한 답은 거의 없다. 아니다, 전혀 없다.

왜 이리 잘 아냐고? 내겐 주홍 글씨 하나가 있다. 이직이란 웃기지도 않는 전문영역(?) 전문가 소리 들었다.

2003년 9월 30일, 육군 대위로 전역 후 처음 몸담았던 곳은 모교서 준비하던 문화센터. 발족, 오픈 전 고생만 하다가 천직은 '홍보쟁이'라 생각해 나왔다. 백수로 6개월 지낸 뒤 2004년 9월, 중소기업중앙회 소속 조그만 조합서 사보, 홍보담당자로 첫 4대 보험 내는 직장생활 시작. 그런데, 지금 생각해도 짜증 나는 사람들 때문에 석달 만에 때려쳤다. 그 뒤는 캠핑 회사 웹진 기자로 일했다. 경력 쌓으려 갔다가 주 7일 근무했다. 그것도 한겨울 군에서 한 혹한기 훈련 같은 겨울 캠핑을 매주 갔다. 명절, 회사 워크숍 빼고 쉰 날은 달랑 하루. 노동부에 제보해야 할 수준이지만, 당시엔 어려서 몰랐다. 진탕 고생만 하다 사장 '마님'의 이상한 소리에 일하던 차장과 같이 튕겨졌다.

어쨌든 이것저것 다 포함하면 이직만 열두 번. 친한 기자들이 이직 비법을 책으로 써 보라 진지하게 권유할 정도였다. (진짜 써 볼까? 맨 마지막 월급쟁이 때는 글이 기본인 PR업계 선배를 '글'로 속였는데… 이하 생략.)

'월급 준다'란 개념을 머릿속에 새긴 사장에게 이직하는 직원은 '배신자'로 느껴진다. 창업이나 일, 단순 휴직 같은 사유 아니면 직원들이 '배신'하는 이유는 쉽다. 커리어 매칭 플랫폼 '사람인'이 2021년 12월 발표한 자료를 보자. 이직 결심 원인은 연봉(49.8%, 복수응답)과 낮은 수준의 근무환경(45.1%)이 가장 컸다. 이어 회사 성장성 및 비전 부족(34.1%), 워라밸 유지 어려움(31.8%), 과도한 업무량(31.7%),

무능력한 동료, 상사(22.9%), 커리어 성장기회 부족(19.6%), 고용 불안정성(18%) 순으로 나왔다. 공식 자료를 인용했지만 누구나 아는 사실이다. 돈과 비전, 경력, 사람 문제다. 쉽게 말하자. '월급 적고 일 많이 시키는데 사람마저 지랄 맞으면' 당신 회사를 다닐 이유는 절대 없다.

대표들은 창업 후 조직 구성 때 거의 비슷한 패턴을 밟는다. 내가 현장서 목격한 것 80%는 보통 이렇다. 정확하진 않지만 직원 숫자로 보면 다음과 같다. 직원이 20명 정도 되면 어느 정도 매출 생기며 회사가 굴러가기 시작한다는 증거다. 이러면 좋은 사무실로 옮기고 워크숍도 가며 '우리 열심히 해 보자' 다독인다. 이때까지 같이 고생한 직원들은 '우리도 커 나가는구나'하며 같이 힘내려 한다. 대표는 직원 복지 차원서 '없는 돈' 마련해 커피 머신을 비롯한 각종 편의 기구를 사무실 한편에 설치한다. 이후 한 달 정도 흐뭇해한다. 사장 혼자만. 직원들 유효 기간? 길어야 일주일이다.

직원이 50명 넘게 되면 드디어 회사 통장에 돈이라는 것이 쌓이며 사업 안정화 단계에 돌입한다. 이때부터 조직은 세부 전문 분야로 나뉘며 '팀장', '부서장'들이 생긴다. 대표들 마음속에는 '드디어 시작'이란 말이 생긴다. 이는 두 가지 의미다. 대표들에게는 본격적인 매출과 실적 확대를 위한 조직 구성과 본격적인 사업이 시작된다는 의미다. 하지만 조직 측면서는 전혀 다르다! 바로 어떤 형태로든지 간에 조직 속 갈등이 드디어 '개봉!'이란 의미다. 조직 세분화 되면 직원들 중 일부는 분명 '저 사람은 나보다 늦게 입사했는데', '나보다 일 작게 하는데' 같은 불만을 품는다. 비슷한 시기나 늦게 들어온 사람이 먼저 승진하거나 직급 높으면 대표에게 불만 가진다.

2008년 7월 입사한 M사. 127번째로 입사했다. 입사 후 얼마 되지 않았을 때다. 회사 익명 게시판에 '요즘 우리 회사 팀장들 너무 많지 않나요? 나보다 입사 늦으면서 왜 팀장인 거죠?'란 글이 올라왔다. 집에서 '엄빠(엄마 아빠)'에게 하듯 개념 없는 투정 부린 것이다. 회사가 뒤집어졌다. 얼마 뒤 사장은 약 140명에 달하는 전 직원을 몽땅 끌고 워크숍을 갔다. 단호한 대처나 공지면 될 것을 철부지 투정에 강원도 홍천까지 가며 돈 깨졌다. 1박 2일 동안 한 건 각 팀 및 직원 소개와 술 마신 게 다였다. 돌아와 며칠은 좋았다. **사.장.만.**

조직이 생기면 이런 일은 반드시 일어난다. 이럴 땐 뾰족한 해결책이 없다. 사실이다. 사람 모이면 오해와 질시, 반목이 생기는 건 당연지사. "난 고양이하고 살아도 사람하고는 못 산다"라는 외삼촌 말에 작은누나 둘째 딸은 "허허, 사람이랑 살면 말이 통해서 더 복잡해지긴 하죠"라는 현답을 내놓았다. 단어 하나, 억양 하나에 오해와 반목이 생기는 게 일상사다. 조직도 마찬가지다. 좋은 방향, 돈 벌자고 모여 얘기하다 보면 당연히 오해 생긴다. 받아들여야 한다. 일가친척도 말 때문에 싸우고 돌아서며 난리다. 하물며 피 한 방울 섞이지 않고, 유전자가 0.1%도 같지 않은 사람들이 모이면 어떻겠는가? 조직 내

갈등은 '자연스럽게' 생기는 현상이다.

이런 상황에 내게 아이디어 달라고 하면, 나는 '이해'라는 교과서적인 답변부터 한다. 뭔 소린고 하니… 조직 구성원들에게 최대한의 방법으로 이해와 양해를 구하자는 뜻이다. 새로운 조직과 부서 생기면 왜 그 조직 생기는지 대표가 공지하는 것이 방법이 될 수 있다. 전문 분야는 전문가 영입 즉, 당신 위로 선수가 올 수 있다 미리 알리고 설명하는 것이다. 예를 들어, 내가 일하는 홍보 분야는 '단순 광고'가 아니다. 언론과 기자 상대해야 하고, 필요시 대외 업무까지 한다. 법률 대응에 필요하면 법무 경력자가 필요하다. 세무, 인사 관리도 그렇다. 이렇듯 전문 분야는 선수가 조직 속에 합류할 수밖에 없다.

회사 커지면 당연한 수순. 공지는 매우 쉬운 방법이자 기본이다. 그 뒤, 조직원 수가 '아직은', '비교적' 대표가 감당할 수 있으니 각 팀과 분야별로 나눠 차담茶啖과 가벼운 미팅(회의 절대 금물. 그것도 일방적인 통보성 자리는 더더욱 안 됨.) 진행하자. 필요시 술 한잔(사장과 임원들은 1차까지만! 이후에는 카드만 주고 사라져야 한다. 반드시!)하고 힘내자 독려하는 것도 괜찮다.

조직이 나눠지면 내부엔 섭섭한 마음을 가지는 사람이 반드시 생긴다. 그들 다독이며 새 인재의 전문성을 부각시켜야 한다. 즉, 꼭 필요한 사람이란걸 대표가 나서 얘기하란 것이다. 이기적인 철면피도 대표가 직접 나서서 설명하면 알아듣는다. 이 방식은 여기까진 아무리 잘 봐줘도 50명~90명 사이다. 돈 차고 넘치면 2008년에 내가 있던 회사 사장처럼 직원들 '몽창' 끌고 돈 펑펑 써도 무방. 약발은 행사 끝나고 2시간밖에 안 되는 워크숍 가시라.

직원 머리수가 100단위를 넘어서면 대표는 무조건 빠져야 한다. 빠지지 않으려는 무식한 사장 있으면 창업진들이 멱살 잡아끌고 나가야 된다. 규모 커지면 본부별로 조직 통솔, 운영하는 체제다. 각 본부별 담당 '사또'를 만들어야 된다. 참고로 '사또'는 조선시대 고을 원員님인 '사도使道'의 발음이 강해지며 생긴 말이다. 사또라 불린 이 지방관들은 왕의 대리인이었다. 왕은 고을, 지방 정사까지 챙기지 못한다. 할 수도 없다. 조선엔 8도, 80개의 도호부와 80개의 군, 140개의 현이 있었다. 여기서 사또들이 왕을 대신해 정사를 돌봤다. 외적外敵 침략 대비하는 고을은 무신이 통치했다. 충무공께서는 정읍 현감을 하셨다. 부정부패 없는데 어설프게 경차관敬差官이 나타나 시비 걸면 '어찌 현감의 정사에 관여하는가'라는 핀잔을 들었다. 즉, 군에서 잘 쓰는 '조교는 교관의 분신'이라는 말처럼 각 본부로 나눠 사또를 운영해야 한다.

이 규모로 발전하면 대표는 임원진들과 함께 매출 확대 궁리와 신사업 준비, 향후 시장 점유율을 목표하는 일로 해야 된다. 이와 함께 벌어들인 순이익 중 얼마를 직원들에게 상여금, 성과급으로 줘야 할지 고민해야 한다. 간혹 창립 멤버 중 '몰지각한' 일부가 예전 버릇대로 실무를 직접 하려 하거나 실무자에 관여하려 하면 똥침을 해서라도 못 끼게 해야 한다. 별 두 개 단 사단장이 중·소위가 지휘하는 소대 전투에 관여하는 것 봤나? 그런 사람은 진급해서 별 다는 것보다 사고 쳐 별 다는 게 더 빠르다.

실제로 군에 그런 사람 없다. 전쟁 지휘하는 지휘관들이 예하 부대에 자율성과 해당 작전에 독립성 부여하듯, 전체 조직에 비전을 제시하고, 부패나 문제 되는 부분 해결하는 데 노력하는 것이 대표의 임무다. 그런데 '예전 추억'에 잠겨 일일이 직원들 관여하고 다닌다면? 당신은 좋은 뜻이지만 조직 불화 키우는 '눈물의 씨앗' 뿌리고 다니는 '짓'이다. '눈물의 씨앗'을 보고 어떤 노래가 떠오른다면… 맞다. 당신은 꼰대, 중늙은이다.

대표가 세부 업무에 관여하고 직접 모니터 붙잡거나 현장 영업 다니는 것은 아무리 잘 봐줘도 직원 30~50명 규모일 때까지라고 보면 맞다. 직원이 60명 이상 늘면 100명 조직으로의 전환을 준비해야 한다.

이걸 놓치면 그때부터 직원들은 배신할 마음을 품기 시작한다. 뒤에서 자세히 언급할 예정이다. 다시 한번 간곡히 재수 없는 말하면 직원들은 이미 배신 준비 끝낸 상황이란 걸 알아야 한다. 언제고 더 좋은 조건 찾아 사라지는 것이 직원이다. 당신이 월급 받던 시절과 똑같다. 절대 잊어서는 안 된다. 100% 모든 조직원이 당신 편 될 순 없다. 특히, 회사 문화가 '개판 5분 전'이면 영화에서 보던 개미떼같이 도망하는 장면이 펼쳐진다.

　직원들이 배신하지 않게 조직 구성 때 대표가 해야 할 일을 하자. 뭘 해야 할지는 말씀드렸다. 직원들 일에 본인도 끼지 말고, 창립 멤버들도 못 끼게 하시라. 대표가 조직 구성 때 잘만 다독이면 사라질 불만과 불신이 준비된 배신자들의 행동 시발점이다.

대표들께 고함

　충무공의 『난중일기』를 보자. 충무공께선 격군처럼 노 젓지 않았다. 전체적인 작전 수립, 운용 계획과 우발 상황을 고민했다. 전란 중에도 식량 보급 위한 전체적인 그림을 그리고 지시하셨다. 전체 진행 상황 확인했지 직접 밭을 갈구지 않았다. 소금 만들어 쇠와 바꿔 화포 준비하는 등 필요 사항을 확인하고 다니셨다.

　잊지 말아야 한다. '인사(人事)가 만사(萬事)'라는 말이 있듯, 조직 관리와 운용은 대표의 큰 책임 중 하나다. 100% 완전무결은 없다. 하지만, 심혈 기울여야 배신자 수를 줄일 수 있다. 이 분야는 수많은 전문가의 책과 의견, 컨설팅이 있다. 정확한 것은 절대 없으니 여러 의견 구하고 책으로 확인하시라. 그 충고·조언·간섭받은 후 본인의 조직 관리 요령을 만들어야 한다. 당신이 잘 만든 조직 관리 요령은 회사의 전통과 문화가 되고 '배신감'을 줄게 할 수 있다.

한 CEO에게 이런 아이디어 준 적 있다. 직원 생일 축하하며 상품권 주는 회사가 많다. 생일 때 차라리 휴가 하루 더 주라 했다. 그러면 돈도 굳고 생색도 낼 수 있다. 생일 때 중요한 일 해야 한다고? 그럼 다른 날 휴가 쓰라고 하면 된다. 이러면 직원들의 배신 예방에 도움이 된다. '우리 회사는 좋은 회사'라고 소문나는 것은 덤.

회사의 배신자,
누가 만드는가?

직원은 배신할 준비 끝났다. 그럼 배신자는 누가 만들까? 자기는 모르겠지만 업주가 직접 만드는 최악도 있다. 본의 아니게 회사 전체가 만들 때도 있다. 떠난 직원이 문제 덩어리면 다행이다. 하지만, 어떤 경우, 상황이든 간에 대표란 사람은 책임서 자유로울 수 없다.

직원들 떠나는 이유? 다 안다. 앞에도 언급했지만 '월급 적고 일많이 시키는데 사람마저 지랄 맞으면'이다. 이 중 '사람마저 지랄 맞으면'은 원인에 따라 책임 소재가 달라진다. 문제 있는 직원은 그 녀석 책임, 반대로 회사가 직원을 이상하게 만들고 그런 문화 퍼져 있으면 업주 책임이다. 여기에 더해, 업주는 호의라 생각하지만 거기서 나온 행동이나 표현 실수 또는 그릇된 '행위'는 조직 불화를 만드는 원천이다.

회사는 창업주, 대표가 한 치의 거짓도 없이 죽을 것 같은 상황을 거쳐 현재까지 이끌었다. 그렇기 때문에 대표는 언제나 본의 아니게 불안함을 가지고 있게 마련. 본의 아니게 쓸데없는 스트레스 만드는 공통점을 가진 경우를 많이 봤다. 나는 이를 '사장병'이라 표현한다. '사장병' 증상은 대게 이렇다.

① 불안하니 불면증 생긴다.

② 직원들 일하는 모습을 보면 성에 안 찬다. 특히, 자기(사장) 경력 분야
는 더하다. 일하는 것 보면 '답답'하고 '성질'난다.

③ 자기(사장) 전문 분야가 아닌 타 분야 경력 직원들이 일하는 것을 보면
가끔 거짓말처럼 느껴질 때가 있다.

증상별 해결책? 없다. 그래도 만약 하나라도 해당된다면 당장 상담 받든지, 의자에 몸을 묶든지 수단과 방법 가리지 않고 병을 고쳐야 한다. 그나마 3번이 좀 쉬울까? 본인(사장)이 연구해 이해도 높이고, 해당 직원에게 '쉽게 이해할 수 있게 설명하라'고 하면 접점을 찾을 수 있다. 회사 대표, 창업주들은 새로운 분야에 매우 호기심 많고 재밌어해 오히려 쉽게 해결하는 걸 많이 봤다. 근데… 사장병 걸린 대표들이 과연 이렇게 할까?

안 한다.

사장병 심하게 도지면 창업 초기 때 버릇이 올라온다. 직원들 실무에 끼어들고 이래라저래라다. 이는 직원들에게 '간섭'으로 보일 수 있다. 나쁜 의미 아니라고 항변하는 사장도 있다. '거들어 주고 싶은 마음'이라고 하더라도 그러면 안 된다. 절대 끼어들지 말아야 한다. 또, 직원들과 스킨십 늘린답시고 자주 어울린다. 사회생활 처음 하는 신입 직원 챙겨 주겠다고 말도 많이 걸며 조언하고, 직접 보고하라고도 한다.

이게 바로 조직 해치고 배신자 만드는 첫걸음이다.

스킨십, 좋은 분위기, 권위 내려놓겠다, 챙겨 주겠다, 빠른 업무 처리 등 좋은 의도겠지만 어찌 됐건 조직을 사장이 망치는 것이다. 사장이 속칭 '말단 직원'과 친밀히 지내는 것 자체는 상관없다. 다만 머릿속에 조직 문화와 체계를 그려 둔 후 조심히 행동해야 한다. 그렇게 못해서 문제지.

팀장, 부서장보다 경력 낮은 직원들은 사장이 격의 없이 대하면 은연중에 팀장과 부서장을 쉽게 보기 시작한다. '나는 사장과 직접 말하는데 팀장(부서장)은 뭐야?'라는 생각한다. 이러며 팀장(부서장) 빼고 곧바로 보고하는 월권이 시작된다. 대표와 말단 직원은 별것 아니라 생각하겠지만 미세한 균열 시작이다. 신입 직원? 더하다. 사장이 짚어 준대로 하니 금방금방 되고 칭찬도 많이 듣는다. '별것 아니네'라는 태도가 업무에 녹아들고, 경력직 선배나 팀장, 부서장들이 '우습게' 보이기 시작한다. 몇 번 이러다 보면 직원들은 무의식 중에 팀장, 부서장에게 "사장님은 그게 아니라던데요"나 "사장님이 저하고 얼마나 친하냐면요"라는 말을 한다. 조직 망치는 '원 쿠션' 드디어 시작.

이런 말 들은 팀장, 부서장들 기분은 어떨까? 처음엔 사장은 월급 주고 나보다 나이와 경력 많으니 이해하고 자위한다. 하지만 상황이 반복되면 '불만 단계'로 진입한다. 경력도 적고 어린 것들이 계속 그러면 볼 때마다 물어뜯고 싶어진다. 한두 번은 참지만, 몇 달 지나면 사장도 싫어진다. '그럼 왜 팀장 시켰어?', '이러려고 나 뽑은 건가?'라는 생각이 든다. 나 건너뛰고 사장이나 이사에게 쪼르르 달려가는 것도 성질나는데 사장, 이사가 "그것도 모르냐"라고 면박까지. 조직 꼬라지 참 잘 돌아간다. 아랫사람은 날 무시하고 위에선 타박만 하니 자존심 팍팍 상한다. 배신자 완성 '투 쿠션'이다.

'승질' 팍팍 나는데 드디어 사장이 친히 참전해 주신다. 보통은 "왜 아직 보고 안 하냐? 너희 팀원은 이렇게 말하던데, 뭐냐?"라는 핀잔이다. 울고 싶은데 뺨 때려 주는 격이다. 가끔 한잔하며 위로해 준다고 사장이 말하지만 나중에는 그거 하나 관리 못 하냐는 잔소리로 마무리된다. 조직 속 갈등과 배신자 양성하는 '쓰리 쿠션' 완성이다. 중간 관리자들은 일할 맛 떨어져 취업 사이트에 자주 접속하게 된다. 속칭 말단들은? 사장과 잘 소통하는데 나무라는 팀장, 부서장 꼴 보기 싫고, 칭찬 몇 번 받으니 자신이 뭔가 되는 것처럼 느낀다. '월급 확대' 실현하기 위해 생애 첫 이직 준비 들어간다. 쓰리 쿠션에 가락 하나 완성이다.

대표의 잘못된 판단이 무능력한 상사를 만들고 조직 갈등을 만드는 것이다.

난 수많은 이직으로 직접 겪었다. 홍보대행사에 있으며 만난 대기업, 중견기업, 중소기업에서도 수없이 목격했다. 겉으로 잘되는 것처럼 보여도, 직원들이 불만 품고 사는 회사는 업주들의 피나는 노력(?)으로 암세포 배양 중이라는 공통점이 있었다. 이 모든 것은 '사장병' 부터 시작이다. 본인이 혹시 앞서 말한 세 가지 증상 있는지 잘 생각해 보시라.

직원들과 한잔하는 것 좋아하던 M사 사장, 나쁘지 않다. 문제는 그 뒤 최소 2주다. 팀원들 앞에서 "야, 너 요즘 이런다며? 진짜냐? 그거 왜 하냐?"라며 웃는다. 1절만 하면 될 것을 마른걸레 쥐어짜듯 계속이다. 한두 번이야 그러려니, 계속 들으면? 기분 참 좋겠다.

나는 걷는 것 무지 좋아하는 올레꾼이다. 어느 날 사장이 "너 요즘 행군한다며? 미쳤냐?"라고 했다. 처음엔 웃으며 "그게…"라고 하며 직원들과 헤헤거리고 말았다. 그런데, 일주일 내내 미친놈 취급하며 장난치니 슬슬 기분이 좋지 않았다. 주말에 하는 내 취미 생활이 왜 미친 짓인가? 도덕적, 윤리적, 합법적이면 퇴근 후 직원 개인사는 언급 않는 것이 예의다. 퇴근 후 내가 개미 다리에 신을 신기든, 전봇대로 이를 쑤시든, 삽질로 판 땅 다시 묻고 또 파든 왜 놀림받아야 하나? 사장님들아. 웃자고 하는 소리는 1절만 하시라.

그 회사는 사장실 따로 없이 파티션으로 나눠 일했다. 사장이 앉은 자리서 실무자를 불러 보고받았다. 그럼 팀장들은? 팀원들이 일을 못하면 혼낼 때도 있어야 하는데 숨도 못 쉬었다. 직원들에게 뭐라 한마디 하면 몇 시간 뒤 "걔 일 잘하는데 왜 뭐라 했냐"고 팀장 '역관광'도 몇 차례. 어느 날, 점심 먹고 휴게실 들어가니 입사 두 달 된 직원 두 놈이 냉장고를 털고 있었다. "점심 양 적었냐?" 물어보니 돌아오는 답이 가관이었다. 월급을 다 써 점심 사 먹을 돈이 없어서 냉장고 턴다는 당당함. 성질이 확 올라왔다. 야근하는 직원들이나 일하는 중간 출출할 때 먹으라고 사다 놓은 걸…. "너희 팀장한테 말 못 들었어?!" 하고 한 소리 했다. 사장한테 바로 걸렸다. "네가 뭔데 쟤네들한테 뭐라고 하냐"라는 반응이다. 2주 전 각 사업본부 이사들 통해 '식사 대용으로 냉장고 간식 먹지 마라'고 지시한 게 누군데?

제도와 정책은 반드시 지켜야 된다. 2010년, 지자체 선거일에 팀장들 출근 지시가 떨어졌다. "선거일에 왜 출근이냐" 말했다가 운동권 취급받았다. 출근해 점심 먹고 오후 2시쯤 되니 "팀장들, 맥주나 한잔하러 가자"란다. 나 원 참. 2017년은 더했다는 소식도 접했다. 5월 대선 투표를 '보궐 선거'라며 직원들을 오전, 오후로 나눠 출근시켰다고. 머릿속에 뭔 생각 있는지 원. 3달 다닌 캠핑회사도 만만찮았다. 명절, 해외 워크숍 빼고 딱 하루 쉬었다. 한겨울 석달 일하며 주 7일 근무. 죽는 줄 알았다.

배신자, 과연 누가 만드는 걸까?

외부서 잘 굴러가는 회사처럼 보이는 곳도 연봉 문제보다 이런 문제가 더 크다. 각 직급·직책별로 '책임', '의무'만 강조하지 말고 '명예'와 '권한'도 줘야 하는데, 그러지 못하니 나쁜 문화가 생기는 것이다. 무개념 업주가 이런 분위기를 적극(?) 조성하면 정신 제대로 박힌 직원들은 이직한다. 발전하는 조직으로 거듭나려면 대표들은 100% 성공할 수 없지만 진심과 성의를 다한 최선의 노력이 필요하다. 놓치지 말아야 할 것은 당신의 평소 '행실'이다. 생각 없는 업주의 행동은 회사 문화를 난장판으로 만든다. '공식'과 '비공식'을 잘 가려야 한다.

본인의 실수는 못보고 직원 실수 나무라는 사장을 보면 웃기지도 않는다. 이를 참지 못한 직원이 이직, 그것도 경쟁사로 갔다는 얘기 들으면 되게 기분 나빠 하는 것을 많이 봤다. 여기에, 그곳에서 일 잘한다는 소리까지 들으면 '원래 천하의 나쁜 XXX'으로 포장한다. 또, 분명 우리 회사 다니며 만들었던 프로젝트 같은데 거기서 제품 혹은 서비스, 시스템 나왔다는 소리 들으면 '분노의 역류'다. 그릇 작거나 깜냥도 안 되는 업주는 '산업 스파이'까지 거론한다. 다른 직원들과 한잔하며 떠난 '배신자' 욕을 늘어놓는다. 좋은 말만 하는 간신 같은 직원들은 따라 나와 술잔 부딪히며 동조한다. 하지만 정작 비슷한 불만을 가진 다른 직원들에게 이것이 좋은 모습으로 비춰질까? 오히려 당신 문제라는 사실을 더욱 박제하는 행동이다.

간곡히 부탁드리면….

　직원들과 친하게 지내고 스킨십 활발한 건 절대 나쁜 일이 아니다. 다만, 긍정적인 회사 문화로 발전시키려면 체계를 잡아가며 해야 한다는 것이다. 제발 부탁이다. 중간 관리자의 권위와 명예 챙기는 지혜를 발휘하시라. 평사원, 속칭 말단 직원이 '단순히' 친하다는 이유로 부서장 건너뛰고 대표 앞에 바로 나타나면 주의 주고, 고치지 않으면 따끔하게 혼내야 한다. 또, 팀장과 부서장에게도 이런 일 없도록 따로 주의 줘야 한다. 각자의 직책에 대한 권위와 명예는 조직 체계에 매우 중요하다. 수평적 조직, 평등한 회사 문화는 평직원이 중간 과정 생략 후 곧바로 사장에게 쪼르르 달려가는 것이 아니다.

　5000년 동안 형성된 '서열'이라는 문화는 지금도 대한민국 속에서 굴러간다. 사장들은 언제나 수평적, 평등, 상호 존중하는 조직 문화 만들겠다고 말한다. 이런 문화를 안 지킨다며 나이·경력 많은 직원에게 사장이라는 직책과 서열로 뭐라 하는 건 '개소리'다. 각자의 위치와 직책, 직급은 존중받아야 한다. 일하다 보면 '선조치 후보고' 해야할 상황이 있을 수 있다. 이럴 땐 후보고 시 우선 결정권은 팀장, 부서장 같은 중간 관리자에게 주는 지혜를 발휘해야 한다. 또, 회사 사규에 근거한 직원 개인, 가정사도 존중해야 한다. 즐거운 회사 문화는 직원들과 술만 마시는 것이 아니라 조직원들이 똘똘 뭉치게 해야 한다는 뜻이다.

이를 위해 해당 부서(주로 인사, HR 부서)에 발전 내용 보고를 지시하는 것도 방법이다. 또, 부서별로 고유 업무 외에 회사가 가져야 할 조직 문화 활성화 방안 공모도 대안이 될 수 있다. 이는 공통의 관심사로 더 나은 비전이 공유되는 의견으로 모아져 긍정 기운을 회사에 퍼트린다. 이런 방법과 기술을 고민하고 직원을 움직이게 하는 것이 대표와 창업 멤버들이 '백년 회사'를 만드는 지혜이자 모범 답안이다. 퇴근 후 말단 직원들을 데리고 술 마시러 가거나, 워크숍 때 직원들 몽땅 끌고 가 돈만 허비하는 건 스킨십이 아니다.

사업이랍시고 내 일을 하다 보니, 수많은 이직 경험이 도움 되는 건 사실이다. 비슷한 경력자들보다 더 많은 분야, 업계, 상황을 거쳐 본 게 도움이 됐다. 그런데 언젠가 업계 선배에게 '여포 같은 놈' 소리 들었다. 이직 전문가(?)의 또 다른 낙인이다. '여포 같은 놈'은 지금도 내게 큰 울림이다. 나는 지금도 겁난다. 조직을 구성해야 하는 상황이 생길 수 있다. 그때 내 잘못으로 같이 일하는 직원을 나 같은 여포 만드는 것이 아닌지.

인정한다. 난 월급쟁이 때 알아주는 투덜이 스머프였다. 사장도 짜증 났을 거다. 직원 채용해 보니 내가 얼마나 골칫거리였나 알게 됐다. 예전 회사 대표님들과 선배들 만나 진심으로 사과드렸다. 딱 두 명 빼고.

조직 분위기 망치는 나쁜 직원들을 어떻게 가려낼까? 완벽하지는 않지만 나는 이 방법을 추천한다. 숙제 전달. 해결되지 않거나 더디게 진행되는 사업 분야 발전 보고서 제출이다. 흡사 영화 〈달마야 놀자〉에서 '깨진 독에 물 채우기'와 같은 화두를 던지는 것이다. 단, 마감은 일주일. 투덜대긴 하지만 회사에 충성하고 꼭 필요한 인재는 머리를 쥐어짜서라도 보고서 만들어 온다. 최선이 아니라도 차선이나 직원들끼리 머리 맞대면 해결할 수 있는 단초라도 찾아온다. 아닌 직원들? 마감일도 넘기고 보고서도 남 탓, 외부 요인 탓처럼 '탓탓탓'만 넘쳐난다. 또, 이해할 수 없는 말만 늘어놓는다. 이 직원들은 보고 후, 회사에 "사장이 나에게 큰일 맡겼다"라고 자랑하고 다닌다. 이런 직원들은 조직 썩게 하는 암의 전 단계, '용종' 같은 존재다.

조직 문화는 창업주가 만드는 것이다. 앞서 언급한 대로 100% 흠집 없고 완벽한 조직 문화는 없다. 하지만 이것이야말로 대표가 '노오오력' 해야 한다. 전통과 기본 잡고 발전시켜야 할 부분이다. 최선책 없다면 차선책도 대비해야 한다. 내 회사 인재를 '배신자'로 만드는 직원들의 공통점은 크게 세 가지다. '나쁜 일 보고 때 사라짐', '실적 좋을 때는 자기 노력 과대 포장', '안되는 이유(나쁜 내외부 상황)만 전달'이다. 힘 실어 줘야 할 직원들은 정반대다. 이들은 '업무 진행 최초, 중간, 최종 보고 확실', '결과가 나쁠 때 총대 매고, 결과 좋으면 다른 팀원들 공 우선 보고', '최종 결과 보고 시 장단점 확인 후 개선, 발전 사항 보고'다.

떠난 직원, 곧 떠날 직원에게 더 잘해라

평생직장, 뼈 묻을 회사 없다는 것은 상식이다. 내 나이 때(70년대생, 90년대 학번) 꼰대들이 사회에 나오자 겪은 IMF 사태 때부터 시작됐으니 이젠 옛말이다. 본인의 의지로 나오든, 실적 좋지 않아 밀리든, 회사 사정으로 나오든, 사고 쳐서 짤리든 이제 평생직장은 거의 없다. 있어도 선택받은 일부와 잘나가는 소수의 회사다.

헬기 부대 공보장교 시절, 상황 회의 때 "평생 군인은 없다"고 하셨던 사령관님 말씀. 나이 들며 더 와닿는다. 나이 먹어 전역(퇴역) 하든 아니면 참전해 전사하든 살아 있는 동안 평생 군인은 없다는 뜻이다. 창업자들, 대표들도 마찬가지다. 쇼핑몰 서비스 회사, 투자 회사 PR 맡으며, 잘나가는 쇼핑몰 대표들부터 스타트업 대표들은 물론 유망 중견·중소기업 대표들, 성공할 것 같은 창업주들 많이 만났다. 가장 크게 느낀 점은 확실히 2000년대 초반보다 20년 지난 지금, 사람들이 많이 유연해졌다는 것이다. 실적과 목표 금액 달성하면

M&A로 회사 털고 자기 인생 살겠다는 '셀프 파이어Self Fired'족들이 꽤 많다. '평생직장은 없다'라는 상식과 개념은 이제 대표에게도 해당이다.

직원이 자리 뜨거나 이직하면 기분 나쁜 게 사실이다. 특히 애지중지하던 직원이나 실적, 영업 등 일 잘하는 직원들의 상실감은 매우, 심하게, 무지막지하게 크다. 반대도 꼭 있다. 내 말도 안 듣는 데다 일까지 못하는 직원이 떠나면 축제 벌이고 싶을 정도다. 문제는 어떤 경우든 떠난 직원들이 다른 곳에서 일을 더 잘하거나 독립해 한가락 할 때다. 이건 배신과 다른 기분이다. 똑같지는 않겠지만, 한 사나흘 과음 뒤 쓰린 속 달래려 해장국과 물 계속 들이켜는데도 계속해 울렁거리는 기분이랄까?

어쨌든 뭐, 그렇다. 나 역시 수많은 이직을 했다. 그렇게 많이 떴어도 예전에 다녔던 회사 대표님들, 예전 고객사 대표 및 임원들과 지금도 연락한다. 심지어 산업계를 떠나 대학 강단서 후학 양성 중인 분도 계신다. 단순 연락과 안부로 그치지 않고, 그들이 필요로 하는 정보가 확인되면 곧바로 알린다.

홍보쟁이들은 언제나 기자들과 연락하며 정보 공유한다. 우리 바닥 요령 중 큰 하나는 '예전 출입기자'들과도 연락하는 것. 당장 취재치 않아도 이런저런 정보를 공유하고 일 있을 때라든지 출입처 바뀌면 특히, 생소한 분야면 다른 홍보담당자들도 소개한다. 기자들은 예전 회사 혹은 계약 끝난 고객사들의 분위기나 장단점 같은 것들을 물어본다. 기본 탄탄한 홍보담당자들의 답변은 '내가 못나서⋯', '그 회사 있을 때 자료 많이 못 챙겨 미안하다', '내가 말할 수 없는 부분', '새로 온 홍보담당자에게 물어봐라'다. 나도 운 좋게 선배들이 잘 가르쳐 주서서 이렇게 살고 있다.

어쨌든, 내 영혼 갈아 넣은 회사가 내 뒷담화 하고 후임자란 것들이 '전임자' 탓만 하면 기분 어떨까? 다녔던 회사가 얼마나 실적 좋을진 몰라도 결과물이 직원들의 '노오오오력'과 영혼 갈아 넣어 생긴 결과를 아는 사람이면? 공자孔子급 인성과 품성을 가지지 않는 이상 결코, 절대, 네버 좋은 소리 안 나온다. 떠난 뒤에도 간혹 예전 회사 사장과 만나는 상황이 있다. 깜도 안 되는 사람들은 아직도 자기가 사장인 것으로 착각한다. 기가 막히고 코가 막힌다. 깜도 안 되는 업주들이 귀에 말뚝을 박아 넣었는지 못 알아먹는 게 바로 이것이다. 떠난 직원은 말 그대로 '예전' 사람이다. 당신과의 '갑을 관계'는 끝났다. 그런데 만나면 계속 '사장질'과 훈계질이다. 떠난 직원 기분은 어떨까? 좋은 기억으로 떠나도 이러면 재수 없다. 한두 번은 그러려니지만 계속되면? 절대 좋은 얘기 안 나온다. 이건 결국 그 업주에게 돌아간다. 이것, 반드시 머릿 속에 각인해야 한다.

예전에 다녔던 직원들은 새로 올 인재들에게 알게 모르게 영향력을 끼치는 위치다. SNS에 경력을 남기면 그 회사 어떠냐고 묻는 시대다. 취업 사이트에 회사의 안 좋은 정보를 남길 수도 있다. '발 없는 말 천리 간다'는 속담은 SNS 시대를 정확히 표현한다. 혼자 기분 나빠 남긴 SNS 투정(?)이 천리 넘어 번역을 통해 이 세상에 공유된다. 간혹 수준 낮은 업주 중에는 떠난 직원 뒷담화하는 사람들이 있다.

절대 떠난 직원 평가나 뒷담화 하면 안된다.

듣는 또 다른 직원에게 혹시 '내가 떠나도?' 하는 의구심 만드는 것이다.

떠난 직원 만나면 무조건 고개 숙여 웃으며 반기라는 소리는 절대 아니다. 혹시나 마주치면 "연락해라" 같은 인사치레보다 "응원한다", "나와는 궁합 맞지 않아 그런 것이니 분명 잘될거다"라고 말하며 넓은 그릇을 보여 주는 게 모범 답안이다. 작정하고 악감정 지닌 채 떠난 직원은 아예 찾지도 않으니 걱정하지 않아도 된다.

끝까지 업고 다니고 싶은 직원이 꼭 있기 마련이다. 한번 떠날 마음 가지면 방법 없다. 연봉 '묻고 더블로 가' 하지 않는 이상 떠난다. 직원과의 이별은 만날 때보다 더 현명해야 한다. 눈에 거슬려 '저걸 나가게 해야' 할 때 있다. 그럴 땐 몇 번 대화 나누든지 아니면 좋은 말로 '권고'해야 된다. 물론 '사고치면 국물도 없다'란 근거 준비해 시쳇말로 '찍소리'도 못 하게 해야 한다. 제 발로 걸어나가도록 '나가게'

하는 상황 만들면 곧바로 당신 회사는 뒷걸음이다.

M사. 요즘 세상에 무슨 신문이냐며 입사 다섯 달 뒤인가부터 홍보팀 신문값도 지원해 주지 않았다. 홍보팀은 출근해 신문 보고 기사 모니터링하는 게 일이다. 그걸 보고 '놀고 있다'며 은연중 몰아갔다. 당연히 불만 쌓이고 욕 나오게 마련. 일하겠다는데 홍보팀에게 가장 기본적인 지원도 안 한 것이다. 지금 기억으론 3부(5부였던 것 같기도⋯. 기억이 이렇게 무서운 거다.) 빼고 나머지 신문과 주간지는 내 돈 털어 냈다. 업계 후배인 팀원들 보도자료 및 아이디어, 매체별 섹션 등등, 월급 받은 돈으로 신문 받아 보여 주며 가르쳤다.

2011년 1분기 때부터 바보 아닌 다음에야 알아챌 수 있게 노골적이었다. 팀원들은 모두 퇴사했다. 경쟁사 홍보팀 인원은 5명. 비슷하게는 아니라도 하나 정도는 채용해야 하는데 절대 안 해 줬다. 한 달 반 동안은 혼자 일했다. 이렇게 저렇게 해야 한다고 보고해도 지원은 꽝. 나가라는 건데도 끝까지 버텼다. 다른 곳 면접 볼 시간도 없을 정도로 바빴다. 알아서 나갈 때가 언제인지 혼자 가늠하며 지냈다. 이런 상황 속에 간 워크숍에서 술 푸다 필름이 끊겼다. 이건 100% 내 잘못. 귀가 후 '월요일 출근하면 여기저기 물어보고 사과해야지'라고 생각했다.

월요일에 출근하니 사장이 이사 통해 직원 10명에게 사과하라는 지시를 던졌다. 당연히 내 실수도 있었을 테니 하겠다 했다. 인사팀장과 이사가 동석한 곳에 직원들이 하나씩 왔다. 그런데, 네 번째 직원이 사과받을 때부터 분위기가 이상하게 흘러갔다. "내가 워크숍 때 미안했다. 잘 기억나진 않아도 혹시 실수한 거 있으면 말해 줘"라고 하니 "어? 팀장님이 왜요? 실수 안 하셨어요"라는 답. 그다음 다섯 번째 사과받는 직원부터 나머지 직원들도 "술 취해도 잘 챙겨 주셨는데요? 별일 없었어요. 취한 뒤 그냥 들어가 주무시던데요?"라는 반응이었다. 심지어 어떤 직원은 "제가 왜 사과받아야 해요? 유 팀장님 워크숍 내내 마주친 적 없는데요"라고 했다. 이사와 인사팀장이 당황하기 시작했다. 공식 사과란 걸 끝내고 친한 녀석들에게 물어보니 '술 먹고 들어가 잤다'는 목격담을 알려 줬다.

사람을 이렇게 처참하게 만들다니…. 회사에서 튕겨진(?) 뒤, 내 귀에 다른 얘기가 꽂혔다. 날 무지 싫어하던 여자 팀장 하나가 사장에게 기분 나쁘다 한 토로에서 모티브가 됐다 들었다. 그 팀장은 사과할 때 제일 먼저 나타났다. 사장이라는 사람은 기회다 싶어 나를 바보, 등신으로 만든 것이다. 옥상에서 담배 반갑 피우고 당장 때려치우기로 결심했다. 드라마 〈추노〉에 "사냥꾼도 죽는 짐승에겐 총 쏘는 법 아니다"라는 대사가 있다. 그 대사가 왜 그리 와닿던지. 알아서 나가려 했는데…. 다음 날, 7월까지 다니고 그만두겠다 전했다. 20분만에 200명 넘는 직원들에게 퍼졌다.

친한 직원 몇 명과 나는 '그리 친하지 않다' 생각한 다른 팀원들도 뜯어말렸다. 한 놈은 옥상으로 날 불러 대뜸 "형, 이렇게 가면 마케팅이고 뭐고 모르는 애들 어떡해요"라며 말렸다. 그래도 회사 생활 영 잘못한 건 아니었나 보다. 퇴사 이틀 전, 친했다 생각했던 직원들에게 "마지막으로 한잔하자"고 연락했다. 그런데… 200명 중 48명이 막걸리집에 모였다. 내가 생각지도 못한 인물도 나타나 "왜 안 불렀냐"며 서운해하기도 했다. 이때 모였던 인물들의 반은 십수 년 지난 지금도 서로 안부를 물으며 산다.

그렇게 튕겨 나온 한 달 뒤인 2011년 9월, 그 회사 영업 담당자(이 사람도 나 정도는 아니지만 사장이 기분 나쁘게 몰아냈다 들었다.)의 연락이 왔다. 경쟁사 사고 소식을 언론에 흘려 달라고. 웃기지도 않았다. 정신 제대로 박힌 홍보담당자는 그런 거 안 한다. 전에도 안 그랬고, 지금도 안 하고, 앞으로도 안 그럴 거다. 전화로 들으니 안 봐도 비디오였다.

"형님하고 술은 마셔도 나 그렇게 안 사는거 잘 알 거다. 할 수 있어도 이런 건 안 하는 게 우리 바닥 기본 룰이다. 그리 떠들고 싶으면 그 잘난 사장하고 사장이 그리 좋아 죽는 새 홍보팀장하고 알아서 하라고 해라."

나의 숨은 퇴사 사연. 세상에 첫 공개다. 입사 후 '내가 뼈 묻고, 목숨과도 바꿀 수 있는 곳'이라 떠들고 다닌 회사가 '처참'하고 '비참'한 상황을 만들어 주니, 배운 게 많았다. 물론 내가 처세를 잘했으면 달

랐을 것이다. 분명 내게도 문제가 많았다. 나도 느끼고 있었기에 전혀 잘못이 없는데도 일 삐끗하면 몇 번 머리 숙이기도 했다. 그런데, 하지만, 그래도… 신문값조차 제대로 안 주는 상황에서 내 돈까지 털어 일했다. 면박과 홀대 참으며 일한 대가는 만신창이였다. 충성도 높은 직원일수록 '배신의 충격'이 더 크다.

어쨌든, 떠난 직원이나 곧 떠날 직원에게 더 잘하시라. 떠난 직원이 간혹 예전 동료들과 한잔하러 나타날 때 있다. 이때 마주치면 그냥 모른 체 하는 게 최상이다. 어쩔 수 없이 대화할 상황이면 "나와 궁합이 안 맞았다. 미안하다"라고 말하며 술값 한번 내주는 아량을 보이는 게 현명하다. 떠날 직원에게는 헤어질 때 최대한 '좋은 기억'을 심어 줘야 된다. 다시 회사에 나타나는 건 '친정집'으로 이해하고 넘기시라. 떠난 직원에게 잘하면 당신 조직의 좋은 인상 넓게 퍼진다. 중국 '사마골死馬骨' 고사 찾아보시길. 이제는 절대 내 사람 아닌 예전 직원을 '죽은 말 뼈처럼' 대한다면 당신은 진짜 천하의 명마名馬를 얻을 수 있다. 쉽게 이야기하면 '떠나는 직원도 이렇게 잘 챙겨 주는 회사가 있다'라는 소문이 나게 지략과 전략을 펼치라는 것이다.

나의 경우만 봐도 그렇다. 계속해 연락하고 만나는 예전 회사 대표, 선배들, 예전 고객사들은 내 진심을 알아준 사람들이다. 그곳과 사람들 평판은 좋을 수밖에 없다. 아주 단순한 진리다.

2021년 10월의 어느 일요일. 막걸리 한잔하고 있는데, 친한 기자의 연락이 왔다. M사 업계 동향과 회사별 특성 알려 달라기에 설명해 줬다. 그러다 왜 떠났는지 물어 왔다. 순간 튕겨 나올 때의 처참함이 올라와 손이 바들바들 떨렸다. "말씀드릴 게 별로 없네요. 사장이 워낙 잘난 회사라 굳이…" 이게 내가 할 수 있는 최선이었다. 평생직장 없듯, 유비의 제갈량이나 한고조 유방의 책사 한신 같은 사람은 당신에게 평생 붙어 있지 않는다. 그리고 당신도 유비나 한고조 유방이 아니다. 분수제대로 파악하시길. 모든 대표는 무라카미 하루키 소설 《상실의 시대》 제목에 '직원'을 붙여 언제나 직원을 상실할 마음을 가져야 한다.

대표들께 고함

이직한 직원의 동향은 계속 확인해야 한다. 아까운 직원은 좋은 자리를 자주 만들어 만나는 것도 방법이다. 다른 분위기와 환경에서 일하다 능력 올라 복귀할 수 있다. 확인치 못했던 기발한 방법과 능력이 생겨 나타날 수도 있다는 말이다. 이보다 더 좋을 수는 없다. 준마(駿馬)지만 길들이지 못한 거친 야생마는 풀어 주면 초원 달린 뒤 다른 명마들 끌고 돌아올 수도 있다. 반대로 천하의 망나니들은 특별 관리해야 한다. '불량 식품'이 더 끌린다고, 그들 때문에 조직에 '이직 감염병' 퍼지면 절대 안 된다.

오비디우스는 "우연은 언제나 강력하다. 항상 낚싯 바늘을 던져두어라. 전혀 기대하지 않은 곳에서 물고기가 잡힐 것이다"라고 말했다. 기원전 시대에 살았던 로마 시인도 이런 혜안을 가졌다.

나는 이렇게 했다. 1번으로 뽑은 직원. 예전부터 돈 더 많이 주는 곳이나 내가 네 꿈 펼칠 능력 못되니 기회 닿으면 떠야 된다 귀에 딱지 않게 얘기했다. 단, 떠나기 전 미리 말하라는 것 덧붙였다. PR 하다 보면 분명 만나게 될 테니. 10월의 어느 날 수요일. 회의 후 이직한다고 얘기(그놈 참 미리 얘기하래도)를 꺼냈다. 당장 USB 들고 오라 했다. 내 랩톱 열어 주고, 외장하드 보여 주며 '앞으로 PR과 네 업무에 필요한 내용 가져갈 수 있는 건 다 가져가라' 했다. 영업비밀이랄 것도 없고, 뭐 대단한 거라고. 나만 가지고 끙끙대면 결국 썩는다. 개미 뒷다리에 묻은 흙만큼이라도 도움 되면 그걸로 된 것이다. 떠난 지 9년 넘는다. 이젠 대표와 직원 사이 아니다. 업계 선후배이자 동지다. 아직도 가끔 만나 술 한잔하고 정보를 주고받고 있다.

조직 속 CEO는?

회사 잘되면 조직 확대는 당연하다. 사람들 북적대면 의사, 의견 등등 얽히고설키는 것도 매우 당연하다. 대표가 눈여겨봐야 할 것은 수많은 인간 군상이 모인 조직서 직원들, 각 팀의 업무 방식과 개성이다. 그런 뒤에 떠도는 나쁜 이야기를 줄이고 좋은 이야기 늘려야된다. 선천적으로 책임감 있는 멋진 사람도 있지만, 태어나면서부터 사장인 사람은 없듯이 살아온 환경과 경험을 거쳐 책임감이 길러진다. 후천적으로 책임감이 생기지 않았더라도, 회사 망치지 않으려면 CEO는 반드시 책임감을 가지고 조직을 통합하며 발전적으로 이끌어야 한다.

여기까지는 누구나 할 수 있는 말.
언제나 그렇듯 이렇게 안 해서 그렇지~.

공식·비공식, 업무적·사적으로 늘상 CEO, 대표, 두목, 사장, 업주, 주인들과 만나는 게 직업이다 보니 비슷한 질문 속에 파묻힌다. "그럼 어떻게 해야 되나요?" 잘 모르겠으면 질문부터 바꿔 보시라. 질문만 잘해도 있어 보이고, 답변해 주는 사람의 아이디어를 더 뜯어먹을 수 있다. 물어볼 때 "어떻게 해야 해요?"가 아니라, "팀장은 어떤 사람이 좋나?" 혹은 "경쟁사는 휴가 이렇게 주는데, 우리가 조금 더 돋보이는 방법 없을까?"라고. 직원들에게 괜시리 '미안한 마음'이 들도록 하는 게 좋다. 직원들이 회사에 고마움을 느끼고, 가정과 주변에 '회사가 배려해 줬다'는 얘기가 자동으로 나오면 끝이다.

그런데…

'단무지(단순, 무식, 지랄)' 업주는 전혀 못한다. 배신자 생산 능력만 매우 탁월하다.

절대 못 잊는 일이 있다. 2010년 5월 18일 화요일, 작은할아버지께서 위독하시단 연락. 집안 장손이라 어른 임종 지키고, 큰일 치를 것도 준비해야 했다.

사업부 이사에게 보고, 5월 20일(목) 오후 반차를 냈다. 21일(금)은 석가탄신일. 급한 업무가 생기지 않게 19일(수)에 일을 모두 끝냈다. 목요일 출근했다. 오전 업무를 보고 한 달 전 약속된 기자 미팅을 준비했다. 점심 후 곧바로 대전 출발이 계획이었다. 물론 출근해 이사

허락도 받았다. 오전 11시, 미팅 가기 위해 회사 나오는 데 걸려 온 이사 전화. 황당 그 자체였다. "꼭 가야 하냐?" 집안 어른께서 돌아가시게 생겼는데 이 무슨⋯. 더 어이없는 건 전화기 저쪽서 들리는 사장의 목소리. 매우 버럭이었다. "요즘 세상에 작은할아버지 돌아가셨다고 가는 집 어딨냐!"다. 하, 참 내⋯. 차마 대들지는 못하니 간곡히 다시 말했다. 돌아온 답은 '미팅 후 회사 들렀다 출발'이었다. 지시니 어쩌나?

점심 미팅 때 상황을 이해해 준 기자의 배려로 빠르게 헤어진 후 충무로에서 가산디지털단지 회사까지 열심히 돌아왔다. 오후 2시 10분, 회사 들어오니 이사와 사장은 자리에 없었다. 전화했다. 회사에 도착했다 하니 "그래? 그럼 출발해"라는 대답이 돌아왔다. 쌍욕이 절로 나왔다. 이때 기분은 굳이 글로 다 쓰지 않아도 알 거다. 대전 보훈병원까지 과속을 일삼았지만 결국 어른의 임종을 지키지 못했다.

앞서 말했지만 회사는 수많은 인간 군상의 집합소다. 대부분 또래 남자들끼리만 있는 군대와 다르게 회사는 남녀가 뒤섞여 있고 나이도 천차만별이다. 직원마다 집안 환경과 전통, 내력 모두 다르다는 것부터 인식하고 인정해야 한다. 이를 짧고 단순한 자기 생각, 인생 경력만으로 보고 판단하면 없던 불만도 생긴다.

직원들 머릿수가 늘면 경조사도 비례한다. 당장 없을 것 같다며 탱자탱자하는 업주는 사업할 생각 마시길. 직원이 늘어나면 반드시 생긴다. 드문 경우이지만, 각종 사고로 직원이 사망할 수도 있다. 이를 미리 대비하는 것은 대표의 몫이다. 조직이 커지면 제일 먼저 인사, 총무 부서를 만든다.

당신이 대비책을 만들지 않아도 인사, 총무, 관리 부서에 "이런 일 생기면 어떻게 할래?"라고 미리 지시해야 한다. 경력직 선수들은 자연스레 보고할 것이다. 반대로, 당신이 추구하는 회사 문화를 미리 생각해 두고 인사팀장에게 이를 잘 '버무려' 제도를 만든 다음 보고하라고 지시해도 된다. 여기서 딱 한 발만 더 나아가, 회사에서 '우리 직원들 위해 더 챙겨야 할 것'이 뭔지 고민해 직원들이 미안해하고 고마워하게 만드는 지혜를 발휘해야 한다.

내가 겪은 상황이 발생했을 때 대처하는 대표들을 나는 이렇게 분류한다.

보내만 주는 업주는 하수(下手). 중수(中手)는 잘 다녀오라고 말만 하는 사장. 고수(高手)는 단돈 5만 원짜리 조화라도 보내 직원과 가족, 일가친지들에게 '좋은 회사 다니는구나'란 얘기 나오게 하는 대표. 초절정 고수 CEO? 첫마디는 "고생했다. 잘 모셨고?"다. 그 뒤? "큰일 치렀으니 잠 좀 자라" 아니면 "한잔하자"다.

등급별로 고마워하고 미안해하는 유효 기간이 다르다. 고수나 초절정 고수 휘하 직원은 큰일 치르고 돌아오면 미안해서라도 더 열심히 일한다. 물론 고마운 기색조차 없는 직원도 있다. 집안 어른 돌아가셨다 거짓말하는 직원도 있을 수 있다. 이런 거짓말은 아무리 숨겨도 밝혀진다. 양심에 털 난 사람들도 회사에 친한 직원은 있게 마련. 친한 직원 통해 확인하면 속칭 '뽀록'난다. 이럴 땐 강력한 징계 내려 '타의 모범'을 보이면 된다.

실제로 2021년 2월, 숙부상을 부친상으로 알려 부의금을 받았던 공무원은 직위 해제당했다. 고수 이상 대표는 미리 회사 취업규칙에 '거짓말은 그냥 넘어가지 않는다'는 조항을 만들어 입사 때 교육시킨다. 아주 단순하다. 학교 다닐 때 예습하듯, 머릿속에 '우리 회사에 앞으로 일어날 수 있는 일이 뭘까?'라는 질문부터 떠올리고 시작하면 된다. 그리고 앞서 말한 대로 메모하고 매뉴얼화하자.

머릿수가 늘어난다는 것은 매출과 실적이 좋아진다는 의미다. 주로 연말이나 연초다. 성과급 책정으로 이어지는 것은 지극한 상식이다. 회사 실적이 좋은데 성과급, 상여금, 보너스 챙겨 주지 않는다면… 굳이 언급해야 하나? 성과급 책정 때도 지혜를 발휘치 못한다면 인재 엑소더스 원인이다. 특히, 각 부서·업무별로 차이가 있는데도 무식하게 일률 적용하는 삼국지에 나오는 동탁董卓같은 업주들은 본인이 창업한 회사를 갉아먹는 암적인 존재다.

직원들은 자기가 옆 사람, 다른 팀보다 더 많이 일했다 생각하는 생명체다. 양심에 털 북실북실한 '월급 루팡'들은 더하다. 지가 더 잘했다 우기는 것은 기본. 제대로 된 성과 못 냈으면서 잘났다는 팀장들까지 별의별 웃기지도 않은 일이 생긴다.

이런 상황인데 짧은 생각의 업주는 매우 쉽게 상황을 흐트려 놓는다. 성과급 규정은 여기저기 엿보고, 귀동냥으로 듣고, 다른 회사 벤치마킹해 등급별 액수 정도만 마련한다. 이렇게 되면 연말 직원들끼리 한잔하며 불만을 성토한다. 불난 데 기름 붓는 무식 철철 넘치는 업주도 있다. '요즘 세상 나 같이 챙겨 주는 사람 없다'고 티 팍팍 낸다. 챙겨 주고도 좋은 소리 절대, 결코 못 듣는다는 걸 굳이 말해 주고 싶지 않다.

이런 것들? 자기는 'CEO'라 할 거다.
직원들은 전혀 다르다.
'Chief Executive Officer'의 CEO가 아닌,
'씨X, 이거 어떻게 해 버리지?' 이니셜이다.

어쨌든… 나 같으면 KPI(핵심성과지표)고 나발이고 어렵게 만들지 않는다. 성과급 준비하며 쓸데없는 업무에 시간 뺏길 바에야 차라리 서로 기분 좋게 빨리 끝내는 게 상책이다. 개인 아닌 팀별 성과급 책정 방식을 추천한다. 팀별로 묶어서 자기들끼리 뭉쳐 일하게 하며 회삿돈 더 '뜯어가게' 하는 분위기를 만들 것이다. 이는 다른 의미도 있다. 팀별로 업무 특성 있으니 열심히 노력해도 안 나오는 속칭 '비매출 부서'까지 챙기는 정량적 성과 요구다. 연초에 팀별로 면담하고, 목표 수치 설정과 그에 따른 연말 평가 실시를 공지할 것이다.

인사팀을 예로 들면, 월별 직원들과의 면담 수 같은 것이다. 여기에 퇴사한 사람보다 입사한 사람이 많으면 더 후한 점수를 주는 방식이다. 감점도 만들 것이다. 입사 후 3개월 미만 퇴사자 몇 명 이상, 지각 같은 근태 불량 직원 증가 등으로 평가할 수 있다. 총무, 경리, 관리 부서는 비용 절감과 절세 목표 같은 것으로 볼 수 있다. 이렇게 되면 영업, 마케팅 같은 매출 부서가 아닌 관리 부서의 전문성을 인정하면서도 서로 쉽게 이해하는 성과급 방식이 될 수도 있다. 좀 더 오버해 볼까? 싸우지만 않아도 고마운데, 다른 팀들끼리 협업해 생각 못한 성과, 매출을 거둘 때 있다. 대표 입장서는 귀엽고 이뻐 죽을 짓이다. 이럴 땐 회사 전 직원들에게 우수 사례로 알리고 성과급을 곱빼기로 주겠다고 하면 알아서들 모여 일한다. 성과 만들어 한 푼이라도 더 뜯어가려 노력할 것이다. 그런데 현실은? 나름대로 평등, 합리적인 시스템 도입하겠다 시간과 비용 낭비. 직원들 불만 생기게 하며 자기도 이해하기 힘든 걸로 끙끙댄다.

회사는 직원들만 위해서도 안 된다. 돈도 잘 벌고 이를 잘 나눠야 하며, 불만을 최소화하는 CEO가 회사에 필요하다. 오히려 불만 키우는 걸 생각 못하는 이런 업주들은 인류의 적이다.

목, 금, 토에 걸쳐 작은할아버지의 장례를 치르고 월요일에 출근했다. 지구상 모든 사람이 싫어하는 사장 주재 월요일 아침 회의 시작. 홍보팀장이란 회사 제일 '끄트머리'는 예전부터 끼워 주지 않으니,

뭐. 오전 10시 반 정도로 기억한다. 회의 끝내고 자리 앉는 것을 목격, 바로 면상에 내 큰 대가리를 밀어 넣었다. 거짓말 하나도 안 보태고 인상 팍팍 쓰며 "덕분에 큰일 잘 치르고 왔습니다. 챙겨 주셔서(전혀 그러지 않았지만) 고맙습니다"라고 했다. 못 들은 척 오지도 않은 전화 받는 것처럼 사라지는 업주님. 일주일 뒤 사내망에 공지가 떴다.

'직계 아닌 방계 친인척 경조사는 본인 연차 사용해 다녀올 것.'

집안, 친척 어른 중 나를 정말 아껴 주는 분은 반드시 계신다. 그런 분 장례는 당연히 가야 한다. 그런데, 그처럼 당연한 일을 이런 식으로 공지까지?

아직도 의문이다. 업주가 말한 '요즘 세상'은 도대체 어떤 세상일까?

대표들께 고함

계속 떠들지만, 조직서 불평과 불만이 생기는 것은 당연하다. 갈등을 아예 없앴다는 것은 거짓말이다. 자기들끼리 똘똘 뭉쳐 해먹기 바쁜 독재나 탐관오리 집단서도 불만은 생긴다. 대표는 이런 불평, 불만을 현실적으로 줄이는 지혜를 발휘하시라.

지금은 혼자지만, 첫 창업 후 직원들과 있을 때 내가 강요했던 부분이 있다. 경조사는 연차서 까지 않을 테니 무조건 가라고 협박(?)했다. 좋은 일이든 슬픈 일이든 집안 큰일에 참석 않는 것은 말도 안 된다. 또, 집안에 큰일이 있으면 업무 못한다. 본인 감정, 감성에 큰일이 있는데 일이 될까? 그걸 붙들어 놓겠다고? 회사에 잡아 놔 봐야 소용없다. 내가 장손이라 그런지 모르지만.

난 같이 일하던 친구들에게 집안 경조사 안 챙기면 '죽는다'고 잔소리했다. 또, 실제로 그랬다. 1번으로 뽑은 직원. 어느 날 군 후임이 교통사고로 세상을 떠났단 연락 받았다. 곧바로 "연차 안 깔 테니 장례식장 가라" 하며 회사서 뻥 차 보냈다. 2번 직원은 여동생 결혼식이 있었다. 목요일에 얼마 안 되지만 봉투 하나 주며 "지금 곧바로 퇴근해 대전 집으로 갈 것. 안 가면 죽는다"라고 웃으며 협박(?)했다.

내가 잘났다고 떠드는 게 아니다. 회사 조직이 잘 굴러갈 수 있게 제도와 시스템을 마련한 뒤, 상황에 따라 대처하면 직원들의 불만을 줄일 수 있다는 얘기다.

'주제(主題)'와 '주재(主材)' 파악은 제대로

회사가 제대로 자리 잡히면 센스 있는 대표는 스스로 경영 수업을 시작한다. 대부분 책부터 잡는다. 성공할 CEO들은 '있어 보이는' 일률적 보여 주기식 '전집全集 쇼핑'은 안 한다. 그런 사람들의 책장을 보면 책마다 저자가 다르고, 같은 분야라도 여러 방향으로 분석된 낱권들이 꽂혀있다. 나는 대표들 만날 때, 본인 책상 주변에 조그마한 책꽂이나 방에 책장 둔 사람은 우선 쳐주고 들어간다. 진정한 대표가 될 준비를 하는 것이기 때문에.

대표들이 내게 경영서적으로 반드시 읽어봐야 할 책 추천해 달라면 차마 내 첫 책은 얘기 못한다.(그 정도 양심은 장착된 인간이다.) 진지하게 필독서 추천해 달라면 마키아벨리 『군주론』은 꼭. 재밌는 책이다. 위인들과 정치가들이 수많은 해석과 견해를 냈지만 결국 군주의 권력은 뚜렷하고 명확한 목적, 그중에도 바른 결론을 위해 써야 한다는 것이다. 마키아벨리가 집필한 당시 사분오열四分五裂된 이탈리아 현실이 그래서인지 모르겠다. 지금도 '어떻게 살아가야'는 있지만 현실은 그렇지 않다. 지금도 최종 결정권자가 행하는 권력은 최선의 목적을 위해 써야 한다. 물론 '주어진 힘' 안에서만. 어찌 보면 독재도 정당화할 수 있는 위험한 생각이다. 어느 인터넷 서점에선 천조국 특수부대 리더들이 꼭 읽어야 할 책 중 하나라 소개한다. 영화서 쉽게, 자주, 매번 보듯이 위험한 임무 수행 중이면 팀원들과 의견 충돌이 발생한다. 임무를 달성하려면 이를 최종 결정권자의 권력으로 '밀어'야 한다는 것. 『군주론』서 배워야 한다는 것이다.

덜떨어진 업주들은 이 책 읽고 착각한다. '뭐든 마음대로 해도 된다'라고 해석한다. 심하게 모자란 이들은 프랑스 루이 14세가 말했다고 알려진 '짐이 곧 국가다(L'État, c'est moi)'라고 착각한다. 중국 왕들이 황제는 하늘에서 낸다며 써먹던 '천자天子'급이다. 웃기고 자빠졌다. '주제主題' 파악 제대로 못하는 것이다. 주제主題 파악을 못해 '주제넘으며' 착각 속으로 빠져드는 것이다. '주제넘다'를 국어사전과 국립국어원서 찾으면 이렇게 나온다.

주제-넘다 (형) : 말이나 하는 짓이 제 분수에 넘게 건방지다.

2020년, 업계 선배 부탁으로 두 달간 스타트업 창업자 약 20명과 만나 인터뷰 자료를 만들었다. 언론인이나 홍보담당자들은 인터뷰

중간중간 자기가 취재했거나 만났던 분야 사람들이 생각나 이런저런 얘기와 아이디어 알려 준다. 잘 받아 두었다가 써먹으면 매우 큰 도움이 된다. 설령 당장 큰 도움 아니라도 경쟁사보다 한 걸음이라도 더 빨라진다.

한 업주와 인터뷰하며 "이런 건 어떨까요? 이런 곳 찾던데요?"라고 말했다. 돌아온 말은 "여봐요. 내가 지금 당신한테 멘토링 받으러 온 줄 알아?"다. 주제 파악이 제대로 안 된 경우다. 인터뷰 내내 거만 떠는 것도 국내 5대 재벌 총수급. 나중에 크게 성장할 사업 아이템인지 모르겠다. 어쨌든 겨우 공공기관 창업지원센터 방 하나짜리 사무실 두고 있었는데… 하는 행동 참 이뻐(?) "네, 알았습니다"로 끝냈다.

물론 시작 단계 창업자들은 기죽지 말아야 하고 자신감 넘쳐야 한다. 하지만, 자기가 처한 현실을 냉정히 파악하고 주제넘은 행동과 말을 해서는 안 된다. 본인이 현재 처한 상황에 맞게 주제 파악하는 것은 필수 덕목이다.

반대로 본인이 회사 '대표'라는 주제 파악을 제대로 못해 자기 직원들 사기 꺾는 업주들도 넘친다. 대표는 직원들이 기댈 유일한 곳이다. 내부서 다른 팀, 조직끼리 의견 충돌이 생긴다는 말은 침 마르도록 했다. '무식한 중간 관리자'나 말도 안 되는 억지는 기본이고, 심할 때는 불법 종용이나 성추행처럼 큰 문제도 생긴다. 외부는? 더했으면 더했지 덜하지 않다. 갑을 관계 거래처 직원은 기본이고, 말도 안 되는 문제로 억지 부리는 진상 고객들 넘치는 게 현실이다.

이처럼 내외부서 일어나는 갈등과 스트레스, 부조리에 그대로 노출된 이들이 나와 함께 일하는 직원들이다. 만화 〈캔디〉 주제가 가사 '참고 참고 또 참지, 울긴 왜 울어' 수준을 넘어, 울고 참고 웃으며 감정 노동 스트레스가 장난 아니다. 참다 넘치면 마지막으로 대표 찾는다. 옆 팀의 무식함과 비협조적인 행동, 불법과 불합리 요구하는 중간 관리자, 말도 안 되는 억지와 갑질이 일상화된 고객과 거래처. 직원들은 사장에게 작게는 도움, 크게는 개선과 재발 방지 해결을 부탁한다.

쉽게 말하자. 힘드니 대표에게 "살려 달라" 하는 거다.

이럴 때 제대로 된 CEO들은 전후 사정 파악 후, 해결책과 함께 갈등 조정과 중재에 노력한다. 또, 직원들의 하소연까지 다 들어주는 지혜로운 행동을 펼친다. 답답한 마음 토해 내기만 해도 어느 정도 시원하다. 사려 깊은 CEO는 말이라도 다 들어주며 속에 묵혀 둔 것을 시원하게 털 수 있게 해 준다.

주제 파악 못하는 사장? '양비론兩非論' 꺼낸다. '그쪽도 잘못했지만 그걸 문제 삼게 만든 너도 문제다'라는 식. 그거 하나 해결 못하냐며 질책하고 물어뜯을 때도 있다. 가관이다. 차라리 가관이면 낫지. 고객이나 다른 팀에 "이건 해당 직원 탓"이라며 직원을 청동기 시대 하늘에 제사 지낼 때의 제물과 같은 '용도'로 쓰는 무식한 XX도 있다.

내부 갈등 상황에서, 제대로 된 대표라면 어떻게 행동할까? 양쪽 얘기 듣고 중재하며 조정안 꺼내 팀장과 부서장에게 확인 후 지시한다. 회사는 사장이 '왕'이다. 두목 지시를 따르지 않을 수 없다. 이렇게 하면 최소한 불만 섞인 목소리는 줄일 수 있다.

거래처나 고객의 갑질이 문제라면? 직원 탓할 게 아니라, 본인 관리 실수로 생긴 일임을 말하며 '일단' 사과부터 한다. 돈 주는 갑이니 어쩌겠는가?(불쌍한 대표들) 고개부터 숙여 상대방 기분을 가라앉힌다. 그 뒤 사실관계 설명하고 앞으로 '어떻게 하겠다'고 말하며 좋은 관계 유지하려고 한다. 그 뒤 해당 직원과 팀에 "고생 많다. 그러나 어쩌겠는가? 당신들 고충 미리 파악치 못한 내 탓이다. 그쪽은 이러저러한 게 불만이니 앞으로 이런 일 없도록 좋은 의견과 아이디어 보고해라. 그걸 제대로 써먹자"라 다독인다.

쉽게 말해, 밖에서 애가 맞고 왔을 때 "잘하는 짓이다. 맞고 다니냐" 하는 게 아니라, "아프지? 고생했다"라고 말한다. 원론적 이야기지만, 이는 대표가 언제나 가지고 있어야 할 능력이다.

중요한 건 빠른 상황 판단. '적정선' 유지하며 행동해야 한다.

그렇다고 직원들만 무조건 두둔하고 '갑'들에게 무작정 고개 숙여서는 안 된다. 나는 대표고 두목이다. 당장 상황 해결만을 목적으로 내가 '심하게' 굽히면? 직원들은 엎드려 절해야 한다. 상황마다 다르지만, 우리 직원들이 엎드리는 상황은 절대 만들어선 안 된다. 간혹 무릎 꿇으라는 등 무리한 요구하는 사람도 있다. 아무리 돈 주는 갑이라고 해도 받아주기 시작하면 무의식중에 '이래도 된다'와 업신, 쉽게 보는 마음 생긴다.

중요한 건 '대표=회사'라는 인식이다. 회사의 대표, 사장이 곧 회사라는 것이다. 우리만 그럴까? 외국도 거의 마찬가지다. 애플과 故 스티브 잡스, MS와 빌 게이츠. 자, 그럼 우리나라는? 또 등장한다. 더본코리아 백종원 대표, 우아한형제들 김봉진 대표, NC소프트 김택진 대표. 큰 회사 예로 들었지만, 이 글 읽는 당신이 나중에 회사 크게 성장시키면 똑같다. 당신의 행동과 모습이 당신 회사 모습이다.

성공한 대표들은 '주제主題 파악' 제대로 하고 살았던 고수들이다. 숙일 때는 너무 심하지 않게 숙이고, 조직 속 갈등 잘 봉합·치유하며, 외부서도 함부로 대하지 못하는 속칭 '아우라aura'를 본인이 만들고 발전시켰다. 이런 과정 속에서 '본인의 브랜드=회사'로 만든 능력자들인 것이다.

대표는 '주재主材 파악'에도 선수여야 한다. 말 그대로다. 가진 재료 잘 파악해 조직 발전시켜야 한다. 난 '한옥 건축'에 비유한다. 어떤 굵은 나무는 대들보로 쓰고, 어떤 건 기둥으로 써야 한다. 다른 재료는 창과 대청마루에 써야 한다. 한옥에 나무만 들어갈까? 잘 구운 기와와 황토를 적절히 섞어야 아름답고 평안한 시간 보낼 수 있는 한옥이 완성된다.

한옥만 이럴까? 최근 생기는 아름다운 전원주택, 제주도서 흔히 볼 수 있는 바다 앞 건축물들. 이런 현대적 건축에는 나무, 흙, 돌뿐 아니라 수많은 재료가 쓰인다. 당신이 만들어 이끄는 조직은 이런 인재人材들 모인 곳이다. 고심하고 어렵게 결정해 등용한 회사의 재목들을, 대표는 주재 파악 잘해 더 뛰어난 능력으로 회사 키우는 데 써야 한다.

쉽게 말해 '용병술(用兵術)'이다.

힘들게 뽑아 놓고, 전문 분야 아닌 다른 일 시키는 업주들 꽤 많다. 대표는 엉뚱한 일 시키며 '삽질' 중이고, 직원은 다른 일까지 떠맡는 '삽질' 중이다. 삽질도 이런 무식한 삽질 없다. 이러면 곧바로 후진이다. 대기업도 그렇고 어느 조직이건 '인원 부족하다'고 떠드는 건 만성이다. 원래 업무에 이른바 '잡무'는 하나씩 더 맡는 것이 사실이다. 불만 가지지 않도록 본연의 업무에 하나만 더 맡기는 융통성 발휘는 당신 나름이다. 직원에게 '요구', '지시', '압박', '억지'는 절대 안 된다. 간혹 "난 좋게 타일렀다" 하는 무식한 인간 만날 때 있다. 개념부터 상실한 사람들이다. '타이르다'는 '듣는 사람이 도덕적으로 잘못한 행위에 대한 이야기'다. "설명하고 이해와 양해 구했다"가 옳은 표현이다. 당신의 능력과 설명에 따라 직원들이 퇴근 후 감정 배설할 때 뱉어 내는 단어는 180도 달라진다.

M사 입사하니 홍보팀서 네이버 지식인에 답변 달고 앉아 쓸데없는 짓거리 중이었다. 입사 나흘 뒤, 군대식 업무 보고를 했다. 지식인 답변은 홍보팀 본연 업무 아니라는 것 설명·보고 후 업무를 떼어 냈다. 대신 특색 있는 명절 선물 준비는 홍보팀에 떨어졌다. 홍보팀은 수많은 쇼핑몰서 다양한 아이템 취급하는 사장들 만나 다른 직원들보다 많이 알고 있었다. 특히 비용 지출하는 관리 부서보다 더 많이 알고 있었다. 명절 때면 우리 팀 셋이서 합 맞춘 뒤 골라 관리이사 협조 사인 받은 뒤 1, 2, 3안으로 사장에게 보고했다.

당장 급하다고 전혀 다른 성격의 업무 시키면 어떨까? 심사숙고해 뽑은 직원들 불만은 둘째 치고, 원래 해야 하는 일도 제대로 못한다. 대표들은 조직 구성하는 재목, 즉 주재主材 파악도 잘해야 한다.

대표들께 고함

주제(主題) 파악과 주재(主材) 파악. 별것 아닌 것 같아 보여도 매우 중요하다. 주제넘는 행동을 해서는 안 되지만, 본인이 회사 대표임을 잊어서도 안 된다. 교과서적인 얘기지만 '중용(中庸)' 지혜 발휘해야 한다. 스스로 묻고 하루, 일주일, 한 달, 1년 단위로 본인의 행동을 되돌아봐야 한다. 다른 변명해도 소용없다. 당신은 회사 대표다. 모든 갈등과 의견 차, 불만, 내외부의 문제를 책임지는 자리다.

회사 대표가 너무 저자세로 나가거나, 문제를 직원 탓으로 돌리면 없던 문제도 생긴다. 같은 문제가 계속 반복되면 굳이 말하지 않아도 잘 아는 최악으로 가는 것이다.

유독 고객과 마찰이 잦은 직원들 있을 것이다. 좋은 인성과 품성 가진 친구들도 있다. 외부 문제로 갈등이 생기면 직원들에게 보여야 할 모습은 '지킬 박사와 하이드 씨' 같아야 된다. 인성 좋은 친구는 사과 자리에 동석시켜 대표가 깨지는 모습 보여 주는 것도 방법이다. 그러면 매우 미안해하며 고치려 한다. 이건 딱 두 번까지. 계속해 대표가 해결하면 만성 돼 '그러려니'다. 아니, 일 안 한다. 문제 생기면 대표만 찾는다. 이러려고 직원 뽑았나? 이뻐서 업고 다니려 채용한 것 절대 아니다. '월급 루팡'은 이렇게 생긴다. 두 번이나 대신 욕 먹어 줬는데도 계속되면 직원 문제다. 따끔하게 혼내든, 사규에 따른 경고하든 정신 차리게 해야 한다. 잊지 말자. 아무리 잘 봐줘도 딱 두 번까지다.

정반대로 문제 많은 직원은 사과 자리에 절대 동석시키면 안 된다. 사장이 싹싹 빌어 가라앉힌 것을 모두 '자기 노력'으로 포장하며 떠든다. 심할 경우 '사장이 이러더라'며 최종 결정권자 체면과 위신 깎는 말도 할 수 있다. 대표가 혼자 고객과 만나 사과하고 재발 방지 약속 뒤 "너 때문에 내가 이게 무슨 고생이냐"며 따끔히 혼내야 한다. 이러면 회사에는 '저 녀석 때문에 사장 고생이다'라는 여론 나오게 된다.

06

여긴 어디고,
나는 누구인가?

어느 곳이든 내 소개는 이렇다. 대한민국서 최종결정권자, 사장을 제일 많이 만나 본 홍보쟁이. 사실이다. 12번의 이직, PR 대행사를 운영하며 만난 사장들. M사 홍보팀장 때 만난 무수한 사장들. 군대까지 포함해 볼까? 병과교육을 12주 반만 받고 처음 배치받은 대대. 이임 1달 반 남은 군 생활 20년 하신 중령 대대장님. 1달 반 뒤엔 지금도 뵐 때마다 죄송한 대대장님. 연대 정훈장교를 2번 하며 30년 군 생활 하신 분들의 옆에서 달랑 군 생활 2~3년밖에 안 한 놈이 참모 노릇 했다. 헬기 부대로 이동 후엔 별 세 개 달고 계신 사령관 훈시문을 직접 써 결재받았다. 원스타인 부사령관, 참모장께는 언제나 내 실무를 직접 보고했다.

어쨌든 지금도 각종 모임과 여기저기 부탁으로 대표들 만나는 건수까지 포함하면 아마 기자들 다음으로 가장 많이 만난 기록이 있지 않나 싶다. 이 소개법은 군에서 처음 만들어 써먹었다. 헬기 부대 공보장교 때 각종 발표나 브리핑 할 일 생기면 꼭 써먹었다. '육군 단위 부대 중 가장 비싼 헬기부대 공보장교' 그럼 뇌리에 쏙쏙 박힌다.

어쨌든… 수많은 업주, 사장, 대표, CEO들 만나 업무를 진행하며 목격했다. 나 또한 대표로서 직원들과 일하고 경험한 뒤 대표에게 가장 필요한 능력을 꼽으라면 바로 '조직 운영'이다. 가화만사성家和萬事成은 맞는 말이다. 이런 CEO가 있으면 조직이 잘 굴러가고 그곳은 기업의 가장 큰 덕목, '이윤 창출 후 조직원에게 분배' 잘한다. 혼자 독식獨食하는 것들은 감방 신세 지는 경우를 많이 봤다. 조직만 잘 굴러가면 통장 잔고는 흐뭇해진다. 반대로 조직 문제 그대로 방치하거나 "나중에, 나중에"만 하다 보면? 돈 벌어야 할 능력과 시간을 엉뚱한 곳에 쏟아 붓게 된다. '호미로 막을 것 가래로 막는다'라는 속담 마냥.

귀에 딱지 않게 떠들지만, 100% 완벽한 조직은 없다.
대표들은 현실을 반드시 받아들이고 언제나 조직 관리에 만전 기해야 한다.

대표들에게 굳이 말하지 않아도 잘 아는 해사害社 행위 중 하나는 '사내 정치'다. 돈 좀 벌리고 조직이 커지면 반드시 시작된다. '세 명 걸어가면 반드시 내 스승이 생긴다'三人行必有我師라는 공자님 말씀처럼, 회사 잘 굴러가면 자기가 우위를 점하려는 사내 정치가 시작된다. 삼인행필유아사三人行必有我師가 아닌 삼인행필유사정三人行必有社政이다. 유형도 다양하다. 일도 못하면서 사기꾼 특유의 말발과 술자리로 직원들 끌어모으는 유형, 상사에게 무조건 잘 보이고 좋은 말만 해 전권(?)을 받으려는 유형, 각종 모임과 업무에서 리더십 잘 발휘하는 유형, 실력과 인성이 모두 좋아 알아서 모이는 유형… 수십 가지의 유형들 있다 보니 본의 아니게 그룹, 패거리 문화가 생겨 뒷담화와 각종 문제를 일으킨다.

극단적으로 표현했지만 사실이다. 계속 떠들지만, 사람들 모여 조직이 구성되면 수많은 소문과 대립 및 의견 충돌 속에서 감정 상하는 일 생긴다. 간혹 나 같은 외부인, 협력 업체 직원에게까지 손 뻗쳐 자기편으로 만들려는 사람들도 있다.

이 모든 갈등은 대표의 '정치력政治力'으로 해결해야 한다. 사내 정치와 해사害社 행위가 빈번한 조직은 정신 바짝 차리게 만들어야 한다. 사내 정치로 혼탁한 정국(?)에 낭비되는 힘과 노력을 돈 버는 데 집중시켜야 한다. 비슷한 사례는 역사에서 찾으면 된다. 국가를 경영한 왕들의 사례 참고해 조직 경영에 활용하면 된다. 아니면 큰 전투나 전쟁서 부하들이 기꺼이 전투에 뛰어들게 한 지휘관의 사례도 좋다.

나는 2차 세계대전의 영웅인 조지 패튼 장군을 무지 좋아한다. 저돌적이고 욕 잘했다는 부분만 부각돼 그런지 패튼의 장점은 잘 나타나지 않는다.

작전 수립 전 정보를 모으고 상황별로 수많은 대응책을 준비해 100% 이상 임무를 성공시켰다. 이게 잘 알려지지 않아 아쉽다. 역사

적 평가는 극과 극이지만, 어쨌든 조직을 '목적'대로 이끌었다는 점에서 참고할 사례는 무지 많다. 전투 때 독일군들이 길 막아서면 몇 개 부대만 대응하게 하고 나머지 부대는 우회시켜 진격, 포위하고 새로운 돌파구를 만들었다. 본인이 직접 전선을 시찰할 때도 있었고, 보고와 정보 상황을 종합, 예상 시나리오를 몇 개씩 만들어 운용했다. 단위부대 전투는 해당 지휘관에게 철저히 맡기고 본인은 다음 전투를 준비했다.

부하 구타 논란도 있지만, 시간 날 때는 야전 병원과 전투 휴식 중인 부대를 찾아 격려했다. 한 전투 후엔 공을 세운 병사들을 직접 찾아 '나보고 영웅이란 소리 나올 것이다. 개소리다. 너희가 진짜 영웅인 거다'란 말도 했다. 벌지 전투 때 독일군은 포위당한 미 101 공수사단에 항복을 권유했다. 당시 지휘관이었던 101 공수사단 앤서니 매콜리프Anthony Clement McAuliffe 부사단장은 전쟁사 희대의 답장인 'N.U.T.S(엿 먹어라)'로 친절히 답했다.(이는 러시아가 우크라이나를 침공했을 때 '뱀섬Snake island'이라 불리는 즈미이니 섬에 남은 수비대들이 재현했다.) 이 소식을 접한 패튼은 "이런 멋진 친구는 빨리 구해 줘야 한다"라고 독려했다는 일화도 전해진다. 전쟁 동안 그의 부하들은 "저 할아버지와 같이 싸우면 무조건 이긴다"라는 말을 했다고 한다.

어쨌든 패튼은 각 단위부대가 상황에 맞게 전투 하게 했다. 그와 동시에 군사령관인 자신은 상황 대응책을 마련해 각 부대가 지원을 요청하면 해결해 주는 기민함을 보였다. 이런 지휘관 있으니 부대원들은 전투에만 전념했고 승리를 쟁취했다. 패튼의 쇼맨십은 덤. 불쑥 병사들 앞에 나타나 욕 섞인 연설과 행동으로 부하들 사기를 최고조로 끌어올렸다. 영화 〈패튼 대전차 군단〉에 이런 기행을 묘사한 장면이 있다. 패튼이 지나가자 병사들은 "장군님, 우리는 어디로 가는 겁니까?"라고 질문했다. 답변이 걸작이다.

"베를린. 히틀러 개자식 엉덩이 차 주고 매달러(사형시키러) 간다!"

이런 요소들 모이니 패튼과 제3군은 말도 안 되는 속도로 진격했다. 보급부대가 뒤처질 정도였다. 아이젠하워와 사령부가 진격 속도를 늦추라고 권하자 "우리가 빠른 게 아니라 보급부대 놈들이 느린 것"이라 할 정도였다. 패튼은 자기가 누구인지, 또 무엇을 해야 하는지와 자신이 조직을 이끌 최적 방식이 무엇인지 제대로 알고 행동하는 지휘관이었다.

여기서 내가 말하고 싶은 건 패튼은 패거리들이 모여 엉뚱한 생각을 못하게 했다는 것이다. 그리고 '승리'라는 달콤한 결과를 경험케 해 줬다는 것이다. 앞에 승리와 보상이 있는데, 모여서 옆 조직이나 부서, 팀 험담할 시간 있나? 이기기도 바쁜데!

이처럼 대표, CEO는 자기가 누구인지와 자신의 조직 경영 방식이 무엇인지를 알아야 한다. 열 명만 챙기면 되었던 조직이 수십 명,

백 명 단위로 넘어서면 보고만 받다 하루가 끝날 수도 있다. 조직원이 늘면서 '내가 더 많이 일했다'는 유치한 싸움은 기본이다. 진짜인지 거짓말인지 다른 직원을 음해하는 것 같은 보고도 받는다. 판사도 아닌데 직원들의 잘잘못 따져야 할 상황도 생긴다. 이러다 보면한 번쯤은 공황이 찾아온다.

"여긴 어디고 나는 누구인가" 하는 소리 절로 나온다.
어쩔 수 없다. 당신의 회사고, 당신이 대표다.

당신의 정치력으로 조직 내 불만을 줄여 나가고 공동의 목표로 이끌어야 한다.

큰맘 먹고 진행하는 워크숍도 대표들에겐 스트레스자 고민이다. 대표에겐 조직을 하나로 뭉치게 하는 큰 공식 행사여서다. 좋은 분위기와 긍정적인 얘기를 이끌어 내고, 비용 지출도 만만찮다. 모임서알게 된 한 대표가 올레길 간다고 내게 이것저것 물어본 적 있다. 내경험을 설명했다. 그러자 120명인 자기 회사의 워크숍 아이디어를부탁받았다. 이렇게 정리해 드렸다.

"제주는 항공권 문제도 있으니 강화도가 좋을 것으로 판단됩니다. 단, 닭장 가두듯 숙소에만 몰아넣지 마세요. 특전사처럼 한 개 조를 10~12명으로 구성해서 강화에 풀어 줘 보십시오. 나들길, 온수리 성공회대 성당, 팔만대장경 만든 선원사지에 젓국갈비, 밴댕이회 등 보고 먹을 것 널리고 널렸습니다. 길 걸어도 좋고, 맛있는 음식 먹으러 다녀도 좋습니다. 각 조마다 일정 금액을 주고(영수증은 꼭 챙기라 엄명) 다닌 뒤, 오후 네 시까지 숙소로 집합 시키세요. 그 뒤엔 자신들 경험을 자유롭게 발표해 다른 직원들에게 '여기가 좋다'라고 추천, 공유하는 시간을 가져 보기 추천합니다. 무슨 소리냐 하겠지만, 추천 장소에 못 가 본 직원들은 분명 다녀온 사람에게 물어봅니다. 그러면 자연스레 직원끼리 대화가 유도되죠. 똑똑한 직원은 여기서 한발 더 나아갈 겁니다. 일과 관련된 아이디어 떠올린 친구도 있을 거고, 어떻게 하면 제품을 잘 팔리게 할까 고민하는 기특한 친구도 있을 테죠. 최소한 워크숍으로 주말 중 하루를 강제로 뺏기는 기분은 어느 정도는 줄 겁니다. 마지막으로 덧붙이자면, 혹시 모를 사고에 대비해 기능별로 직원을 반씩 나눠서 교통수단을 달리하셔야 합니다. 한꺼번에 이동하다 사고가 생기면 회사 전체가 정지될 위험 있으니까요."

고생하는 직원들 보며 안타까울 때도 있다. 하지만 모시고 살기 위해 채용한 건 아니지 않나? 해당 업무를 맡기고 진행하려고 채용한 것이다. '고기를 잡아 주지 말고 잡는 법 가르쳐 주라'는 말처럼 스스로 하게 만들어야 한다. 반대로 이는 대표 당신이 모든 업무를 다 챙길 수 없다는 이야기다. 마케팅, 영업, 인사, 총무, 회계, 홍보, 디자인, 여기에 IT 기반 업체는 시스템 개발과 서버 운용까지… 창업 후 지금까지 회사를 힘들게 일구고 만들어 놓은 당신의 전공은 이 중에 하나일 것이다. 나머지 전문 분야는 경력 직원이 합류, 해결해 나가고, 당신을 보필하며 업무를 진행하는 참모 역할이다.

사장은 모르는 게 당연하다. 그런데 모르면서 아는 척하며 직원들을 '들들들들…' 볶는 사장들 있다. 이들의 문제는 '자기가 모른다는 걸 모르는 것'이다. 모르면서 잘 안다고 착각해 직위로 직원을 누르며 허세 부린다. 웃기지도 않는다.

대표가 다른 분야를 모르는 건 당연하지만, 어느 정도 알고 극복하고 싶다면 추천해 주는 방법이 있다. 해당 분야의 책을 딱 두 권만 보라는 것이다.

인사, 노무, 회계, 총무, 홍보, 광고, 법무 등등 해당 분야 중 최소한 15년 이상 일한 선수들이 출간한 책을 찾는 게 팁이다. 가장 이해하기 쉬운 책으로 딱 두 권만 골라 보시라. 진짜 선수들이 쓴 책은 읽기 쉽고 이해도 매우 편하다. 대학원 다닐 때 한 교수님은 "자기도 잘 모르고 이해하지 못하면 글도 어렵게 쓴다. 어렵게 읽히는 책은 쓴 놈도 잘 모른다"라는 말씀을 하셨다. 150% 공감한다. 간혹 쥐뿔도 없으면서 화려한 단어와 영어, 그래프 등으로 꾸민 책들 있다. 이런 책들은 읽다 지치니 안 보는 게 좋다.

어쨌든, 알아야 할 분야 책은 두 권 정도 읽은 뒤 경력 직원에게 '업무 보고' 받으면 된다. 이때는 '쉽게 이해할 수 있는 항목', '해당 분야의 특성', '꼭 알아야 할 사항' 등을 포함해 10분 정도로 보고하라고 지시해야 한다. 이해하기 쉽게 설명하고 꼭 알아야 할 것을 정리해 보고하는 직원은 전문성이 있다 보면 된다. 또, '업무 보고' 시키는 것은 그 친구의 업무 준비와 마음가짐을 도와주며, 출근 후 분위기를 환기하는 좋은 방식이다. 참고로 군에선 지휘관이 새로 취임하거나 신임 참모가 부임하면 꼭 '업무 보고'를 한다.

이렇게 조직을 이끌어 가야 할 당신의 노력. 당연한 것이다. 어떻게 하는지에 따라 'Chief Eexecutive Officer'가 되든가 아니면 앞서 말한 대로 "씨X, 이거 어떻게 하지?"로 나눠진다.

절대 잊지 말아야 한다.

대표들께 고함

CEO가 골프서도 쓰인다고 한다. 그런에 올라가지 않았는데 프린지(에이프런)에 걸친 것 가지고 '그린 온'이라 억지를 부릴 때 "XX, 이것도 온이냐? 그래, CEO 해라"라고 비아냥거릴 때 쓰인다고 들었다. 내가 삭막하고 재수 없는 표현을 했지만 "XX, 이거 어떻게 하지?"와 동급으로 봐도 무방하다. 누가 무식한지 선의의(?) 경쟁을 시켜 보고 싶은 충동 들 때 많다.

참고로 난 골프 치지 않는다.

지금 쥔 패 활용하라

뒤에 다시 말하겠지만 분야마다 전문가, 국가대표급 선수들 매우 많다. 나 또한 PR, 커뮤니케이션, 홍보 분야는 20년 넘게 했다. 이젠 '전문가'란 말 듣고 산다. 이런 홍보쟁이가 감히 '조직'을 정리하고 말 하는 건 어불성설이다. 조직 운영과 구성, 조직문화 배양은 그 분야 의 전문가에게 자문하는 것이 최선이다. 그럼에도 조직 분야의 기분 나쁜 얘기를 늘어놓는 것은 '외부에서 보는' 시각과 평판이 바로 내 전문 영역에 걸쳐서다. 홍보업계의 성공 사례로 불리는 전 삼성전자 이순동 사장은 홍보담당자 역할에 대해 이런 말 남겼다.

"홍보는 현관에 있어야 한다. 바깥 돌아가는 걸 보고 얼른 들어와서 안에다 얘기해 줄 수 있어야 한다는 뜻이다. 기업 이미지를 관리하기 위해 외부에서 정보를 수집해 미리 내부에 경고하는 것도 홍보팀의 주요 업무다. 구름이 뜨면 비가 오게 마련이다. 바깥을 내다보니

하늘에 구름이 짙더라고 알려 줘야 하는 것이다.
실제로 나는 안에다 싫은 소리를 많이 했다."
– 이경희, 《기사되는 보도자료 만들기》, 2007. 8.

내외부에서 확인된 장점과 해결해야 할 단점은 즉시 조직 내부로 알려 줘야 한다는 말이다. 이를 분석, 응용해 안정적인 조직 운용과 매출 달성이 이뤄져야 한다. 기업 조직은 매출과 실적 달성을 위해 존재한다. 조직과 문화 자체가 뒤틀리면 제대로 굴러가지 않는다. 그때부터 외부서 보는 시각과 이미지가 달라져 결국 회사를 망치고 홀라당 말아먹게 된다. 그만큼 조직문화 확립과 운영의 중요성은 귀에 딱지가 앉게 늘어놓아도 과하지 않다.

내가 잘하는 여러 말 중 하나는 '마네킹 이론'이다. 마네킹에 한복을 입히느냐, 란제리를 입히느냐, 등산복을 입히느냐에 따라 결과가 다르다는 것이다. 한 가지만 고집하지 않고 여러 내용을 버무리고 입히면 그에 맞는 상황으로 갈 수 있다. 이 마네킹 이론은 조직 운영에도 적용한다. 사업자 등록증에 내 이름 올린 뒤 네다섯 곳을 빼고는 모두 중소기업 고객이었고, 지금도 그런 곳이 많이 찾는다. 추가 비용과 시간을 투입하지 못하는 현실 때문에 본의 아니게(?) 조직 구성과 운영, 문화 확립 분야도 요청받을 때가 있다. 그때마다 조언 드린다. 뚝 부러지는 정답? 없다. 다만, 그동안 '경험했고, 봐 왔고, 겪었고' 이 '3Go(쓰리고)'에 더해, 만나 왔던 수많은 기업과 사업체, 조직을 목격한 것을 김치 양념 버무리듯 그 조직에 맞게 최적 방안을 최소한 두 개 제시해 드린다.

다시, 미리, 한 번 더 전제를 깔고 들어간다. 지금 남기는 노하우는 어디까지 내 경험과 그에 맞는 성공 사례를 모은 것이다. 조직 분야 전문가, 컨설턴트들이 보면 웃을지도 모르겠지만 어디까지나 내 경험이 기준임을 잊지 않았으면 한다. (혹시나 컨설턴트랍시고 내 얘기 가져다 쓰다가는 밑천 드러나니 조심하시길. '아이디어 소매상'인지라 표절, 복사는 지구 끝까지 쫓아간다.)

대표가 아름다운 조직 운영을 하려면 가진 패를 잘 쓰는 것부터 시작해야 한다. 볼테르는 "인생이라는 게임에서 주어진 카드는 일단 받아들이는 수밖에 없다. 카드가 손에 들어오면 그것으로 게임에서 이기기 위해 최선을 다해야 한다"라고 말했다. 당신이 만든 조직부터 잘 쓰고 활용해야 한다. 그러면 돈 나갈 일 없고, 시간도 절약하며 '우리 회사만의 문화'를 만들 수 있다. 앞서 '직원들은 이미 배신 준비 끝냈다'에서 언급한 것처럼 이제 커지기 시작하는 30명 이상의 조직은 다음 방법도 요령이 될 수 있다. 세분화된 전문 조직과 팀이 생기면 그들에게 다음 예시와 같은 임무를 부여해 보자.

[공지] 조직 문화 발전 보고서 제출

(개요) 우리 회사의 미래는 안정적인 조직과 문화 확립에 있음. 각 부서는 한 달 동안 분야별로 생각하는 최적안을 작성할 것. XX월 XX일부터 1주 동안 부서별로 보고 받을 예정.

○ 부서별 임무
- 영업부서: 현장서 만나는 고객사나 거래처 조직의 장점 확인 후 우리와 맞는 최적안 제시
- CS부서: 고객의 불만 사항 확인 후, 줄일 수 있게 하는 조직문화안 제시
- 인사·관리부서: 안정적인 조직 운영과 문화 확립 위해 해당 분야의 전문가 의견 확인 후, 우리 회사에 맞는 조직 운영 방안 제시
- 홍보부서: 언론 보도, 기사 및 현장서 만나는 기자들에게 발전적인 조직 운영 사례 확인 후 최적화 방안 제시
- 기획부서: 경쟁사 조직문화 확인, 검토 후 보고
- (IT 기반 기업인 경우) 개발부서: 개발자들 사이 흘러 다니는 각 업체별 긍정 사례 확인 후 최적화 보고서 제출

○ 공통사항
- 보고서 양식은 자유지만 딱 5장으로 끝낼 것. (안 그러면 잔소리 200장 각오할 것.)
- 보고서 세 번째 장에는 우리 회사와 경쟁사의 나쁜 조직문화 비교 반드시 넣을 것.
  없애야 할 것 미리 확인해야 함. (단, 옆 부서 뒷담화하거나 욕하면 일주일 간 대표가 친히 옆에서 일해 줄 것임.)
- 위 임무 외 다른 사항 더 추가할 생각은 말 것. 쓸데없이 일 만들면 (   ) 예정. (빈칸은 각자 상상하도록.)
- 보고 완료 후, 부서별 보고서는 사내 공유하고 포상할 예정. 인센티브 및 회사 전반에 걸친 '우리 회사만의 문화' 만들어 운영할 계획.

○ 포상
- 가장 진심 어리고, 노력한 보고서는 눈에 들어오게 마련.
  이렇게 보고서 만든 부서는 전체 팀 직원에게 휴가 2일 포상.
  연차에 상관없이 2일 제공. 단, 부서 및 팀 단체 휴가는 없다!

이 방법 의외로 쏠쏠하다. 직원들은 일 하나 더 늘었다 생각할 것이다. 하지만, 본인들이 앞으로 누리게 되고, 더 좋은 환경 조성에 직접 참여하는 기회라는 것 알려야 한다. 이건 대표가 강요해야 하는 부분이다. 또, 반 장난처럼 이런 공지가 나가면 우선 '웃고 시작'한다. '펀Fun 마케팅'은 회사 내부에도 써야 한다. 그만큼 회사 분위기도 좋아진다. 특히, 각 부서의 보고서 공유는 서로 작성 능력을 비교할 수 있어 '보고의 기술'도 자연스레 향상하는 기회다. 더 결정적인 것은 각 부서, 팀별로 작성한 조직문화를 통해 여러 시야와 해석이 있음을 알아 상대방 이해에 도움 된다.

여기서 가장 중요한 효과는 바로 '정보 취득 및 해석' 능력의 발달이다. 보고서 바탕이 될 정보를 가지기 위해 직원, 팀, 부서, 회사 전체가 알아서 움직일 것이다. 이러며 자연스레 영업 능력과 분석 능력이 오른다. 또, 앞으로 운영하게 될 신사업과 분야 예측력도 높아진다. 여기서 끝이면 재미없다. 향후 이를 기초로 여러 분야에 적용시켜야 한다. 예를 들어 '협업 방식, 팀별 제안 및 공모', '신新 마케팅 아이디어 발전 방안 보고서 제출', '경쟁사 단점 확인 보고(이 보고서 만들다 보면 자연스레 이직 생각 줄어든다. 꽤 쏠쏠하게 써먹을 수 있다.)' 등과 같이.

나의 '마네킹 이론'잊지 마시라.

이런 과정서 직원들은 다양한 방법을 동원할 것이다. 보통은 인터넷 뒤지고, 책 보고, 기사 뒤진다. 이때 난 이렇게 정의한다. 인터넷 검색은 하수, 책 사거나 도서관 찾으면 일반, 주변 사람들 만나 직접 물어보면 중수, 앞 세 가지 방식에 더해 지인이나 '최측근'들 동원해 더 많은 정보를 알아 오면 고수 입문. 이 고수들은 본인이 찾으면서 다른 인맥까지 동원하는 탁월한 능력의 소유자요, 회사의 인재다. 나중을 위해서라도 회사에선 잘 챙겨야 한다.

이런 과정에서 대표도 얻는 것 있다. 직원들의 업무 방식과 개별 능력 확인이다. 잘 눈여겨보다가 적시 적소에 인재를 배치, 운용할 수 있다.

3장

사장이 알아야 할 불편한 진실

: 경영과 실적

"판매는 제품이 출시된 순간부터 시작이지만, 마케팅은 제품이 있기 전부터 시작된다."

마케팅의 아버지라 불리는 미국의 권위자 필립 코틀러Philip Kotler가 한 말이다. 인터넷 서점 알라딘은 필립 코틀러를 "과거 다소 생소하게 여겨졌던 '마케팅'의 개념을 세상에 널리 알려 하나의 학문으로 정립하는 데 크게 기여했다"라고 소개한다.

기업, 회사의 덕목과 존재 가치에 대한 수많은 연구와 명언이 있다. 학자부터 초일류 기업 일군 총수, 경영자까지 많은 이들이 정의 내리고 있다. 하지만, 이 명제는 절대 벗어날 수 없다.

기업의 최대 덕목은 이윤 창출이다.

이윤 창출 후, 조직원들과 이익을 공유하고 더 큰 시장 선점이 의무이자 임무다. 난 여기에 한 줄 더 붙인다. "도덕적·윤리적·합법적·사회적·문화적으로 문제만 없다면 무슨 짓 해도 상관없다"다. 실제로 잘나가는 CEO들은 이 말에 딱 들어맞게 회사 이끌고 있다. 또, 언제나 효과적인 마케팅 방안 궁리하며 실천 중이다.

못 나가는 사장? 실천은 둘째 치고 제대로 된 판단과 결정 못 한다. 실패하거나 잘못된 결과가 나오면 직원 탓이다. 흡사, '내 지시대로 한 너희들 잘못이다'라는 식.

잘하는 짓이다.

01

마케팅과 영업은 다르다

제목 보고 무슨 헛소리냐는 사람들 있을 것이다. 맞다. 맞는 지적이다. 마케팅 전공도 아닌 홍보쟁이의 말이니 그럴 수도 있다. 미리 전제하자면, 이건 학문적인 것과 현장서 뛰어다니는 마케터 및 영업사원들 얘기를 종합한 것이다.

전역 후, PR 대행사를 다니며 이해 안 되는 것이 있었다. 홍보와 마케팅, 영업의 상관관계. 소싯적 대행사에서 풀무원이라는 큰 기업을 담당했을 때, 스승처럼 모시던 회사 부장께서 많이 가르쳐 주셨다. 하지만, 마케팅은 배운 적도 없고 실제로 해 본 적도 없으니, 보도자료 쓸 때나 특정 제품의 브랜딩 참여 때 여러모로 애를 먹었다. 그때부터 마케팅 관련 책을 잔뜩 사 봤다. 머리 나빠 그런지 글자는 읽혀도 내용 이해는 힘들었다. 그러다 대학원 들어가 교수님들 설명을 듣고 답답함이 뻥 뚫렸다. 정부출연연구기관 비정규직으로 있을 때 받았던 설움을 만회키 위한, 속칭 '가방끈 늘리기'가 날 살린 것이다.

당시 출강하셨던 분들도 어마어마한 실력자들이셨다. 이름만 대면 알 만한 광고대행사 상무, 모 그룹 부사장이자 당시 PR협회 협회장도 계셨다. 지도교수님은 미국서 설득심리학과 마케팅을 전공하셨던 분. 제대로 배웠다. 흡사 무협지서 '막힌 혈이 뚫려 고수가 되는' 듯한 기분을 느꼈다. 이처럼 내가 만났던 대기업 마케터들과 PR업계 대선배들, 대학원서 뵌 강호의 실력자들, 학자들께 배운 것 종합하면 제목 그대로다.

마케팅과 영업은 다르다.

말 그대로 보면 된다. 마케팅Marketing은 시장 확대 행위다. 구글서 검색하면 이렇게 나온다.

'마케팅(marketing)은 시장 경제(exchange relationship) 또는 수요를 관리하는 경영학의 한 분야이다. 소비자를 대상으로 고객을 창조하고 유지·관리함으로써 고정 고객으로 만드는 모든 활동 즉, 고객과 관련된 모든 활동을 의미한다.'

즉, 기업이 시장을 확대시키고 점유하는 모든 활동을 의미한다. 여기에는 제품을 알리는 광고도 포함되고, 소비자 불만을 줄이는 CS 활동도 포함된다. PR 활동으로 고객과 의사소통과 정보 제공(광고와 홍보는 전혀 다르다.)도 한다. 자사 제품과 서비스를 필요한 고객에게 판매하고 이용하게 하는 영업, 이와 함께 제품과 서비스를 발전시켜 고객을 모으는 프로모션 등 모든 기업 활동을 마케팅으로 보면 된다. 영업은? 마케팅의 하위 분야로 이해하면 금방이다.

쉽게 설명하면 이렇다. 한 서비스(혹은 제품)가 있다. 비용 100원과 사람 한 명을 투입해 300원 벌면 영업이다. 마케팅은 1000원 규모의 시장과 이를 형성하는 고객들이 있다. 여기에 3000원을 투입하고 홍보·광고·영업·프로모션 진행해 1만 원 규모의 시장으로 키운다. 이 속에서 처음으로 시장을 키운 기업은 점유율(시장 영향력까지 포함.)을 최소 50% 가져가고, 지속적인 고객 방문을 유도해 계속해서 매출이 일어나게 하는 것이다. 더 쉽게? 마케팅은 '전쟁', 영업은 '전투'다.

이처럼 마케팅과 영업은 전혀 다른 개념인데 보통의 사장들은 '마케팅=영업'으로 착각한다. 완벽하게 틀린 것 아니지만, 100중 80은 '틀린 것'이다. 이러니 본인 회사의 서비스나 제품을 시장에 진입 시키는 데 애먹는다. 애만 먹으면 그나마 다행. 엉뚱한 계획 만들어 놓고 실적 안 나온다고 스트레스받으며 직원들 괴롭히는 데만 헌신한다. 한 서비스나 제품을 시장에 내놓기 전, 사장들은 많은 고민 속에 밤을 지새운다. 수많은 회의와 시장 조사를 거쳐 약간의 떨림과 두려움 속에 출시한다. 그런데, 막상 꺼내면 더디다. 안 팔린다. 단순히, 좋은 제품, 서비스라고 생각해서 무조건 만들어 낸다고 시장에선 절대 먹히지 않는다.

이 당연한 결과는 이미 당신이 만들어 낸 것이다.

판매는 제품 출시된 순간부터 시작이지만, 마케팅은 제품이 있기 전부터 시작된다는 필립 코틀러의 말을 다시 한번 보시라. 제품 혹은 서비스 출시 전부터 마케팅은 시작돼야 한다.

제품, 서비스 아이디어는 직원이 가져올 수도 있고 대표가 고생해 만들어 낸 산물일 수도 있다. 아니면 어느 날 머릿속에 전구가 번쩍하듯 '아, 이거다!'로 생겼을 수도 있고. 어느 경우건 '회사', '대표' 입장에서는 매우 획기적이고 좋은 아이템이다. 그런데 시장을 뒤져 보니 이미 비슷한 서비스나 제품 돌아다닌다. 예를 하나 들겠다. (어디까지나 '예시'니 본인의 사업에 대입해 보시라.)

약 7년 전부터 '가려운 곳' 긁어 주듯 생긴 수많은 O2O On-Line To Off-Line 서비스 중 청소 서비스를 예로 들겠다. 실제로 가장 많은 O2O 분야가 청소, 집 정리 서비스다. "우리는 청소뿐만 아니라 냉장고 관리도 해 주니 전혀 다르고 획기적인 서비스다"라 할 수 있다. 우린 다르다고 주장할 수 있지만 과연 그럴까? 고객은 불필요한 서비스일 수도 있다. 또, 그래봐야 집 관리나 청소 중 하나다. 당신이 억지 쓰고 고집 부린다고 고객들은 써 줄 의무 하나도 없다. 쉽게 설명하면, 특색 있는 짜장면들도 수많은 짜장면 중 하나인 것처럼. 당신과 회사를 전혀 모르는 사람이 지갑 열어야 하는데, 고객에게 우겨 봐야 소용 없다.

특히 보수적이고 냉소적인 소비자들은 새로운 서비스가 나오면 일단 경계부터 한다.

대학원 은사님이 내 소비 행태를 보고 너무 보수적이라며 놀라셨다. 그런 것 같다. 난 신제품이 나와도 거의 신경쓰지 않는다.(고객사 제품, 서비스면 기를 쓰고 파악하는 건 함정) 직업 때문인지 카메라는 욕심내는 편인데, 이 또한 최신형 모델은 절대 사지 않는다. 신모델이 출시되면 바로 전 모델 마지막 버전을 구입한다. 차는 두 번째지만 아직도 레토나다. 2002년 1월에 구입 뒤 2006년에 처분했다. 그리고 2007년, 동호회 회원의 레토나를 인수했다. 가전은 LG로 도배다. 야구팀 빼고 뭐든 LG만 고집한다. LG의 휴대폰 사업 철수에 땅 치고 울먹였던 사용자 중 하나다. 내 얘기가 기사에 나온 적도 있다. 통신사만 유일하게 KT다.

내가 좀 유별난 것은 사실이지만, 대한민국 소비자들 중 반 정도가 보수적인 소비 행태를 보인다는 연구 결과도 본 적 있다. 이처럼 보수적인 소비자들 유혹해야 하는데 마케팅과 영업을 같은 것으로 착각하니 당연히 안 될 수밖에. 서비스든 제품이든 잘 안 팔리면 애꿎은 직원들만 괴롭히는 악순환만 계속된다.

나 같으면 어쩌겠냐고? 예시로 들었던 청소 서비스를 예로 풀겠다. 나라면 이럴 것이다. 최초 마케팅 전략은 철저하게 '묻어가기'다. 다른 청소 서비스와 같다. 하지만, '같은 가격에 하나 더'를 내놓겠다. 예를 들어 건조대에 널린 빨래는 청소 후 개켜서 정리해 주거나, 반려동물이 있다면 사료 그릇도 설거지한 뒤 고객에게 사진으로 확인시켜 주는 식이다. 만약 고객이 출장 간다면 물과 사료를 챙겨 주는 것 같은 서비스를 추가로 내놓을 것이다. 즉, '청소와 빨래', '청소와 반려동물 케어' 같은 간단한 추가 서비스(간단하지만 고객이 의외로 쏠쏠한 편리 느낄 수 있는 것)다.

이런 아이디어 만들었으면 조직을 움직여야 된다. 먼저 홍보팀에게는 서비스의 내용과 관련한 단신 보도자료부터 돌린다. 기사가 출고되면 영업팀을 1인 가구가 많은 IT기업이나 직원들 복지 잘 챙기는 중견기업으로 투입시켜 B2B 시장에 진입할 것이다. 여기까지 시나리오가 제대로 먹히면 홍보팀 총동원령 선포! 동종 업계의 서비스와 비교하는 기획 보도자료 만들어 심층 기사의 출고를 유도하고, 지갑을 열어야 할 소비자에게 '돈 써야 하는 근거'를 던져야 한다.

여기서 끝이 아니다. 기획팀은 경쟁사도 비슷하게 덤빌 것을 미리 예상해 새로운 서비스를 또 추가해 준비해야 한다. 보통 경쟁사들은 할인을 흔하게 꺼낸다. 이러면 딱 한 발만 앞서 나가자. 경쟁사 움직임이 확인되면 미리 준비한 서비스를 1년 혹은 6개월 장기 결제 고객에게 맞춤형 서비스(본인 원하는 것만 챙기는 '편집숍' 같은 개념)와 할인을 같이 제공할 것이다. 고객들 손에 떡 많이 쥐어 주고 행복한 고민에 빠지게 만드는 전략이다.

또한 위의 내용처럼 되지 않을 것에 대비, 기획부서에게 시작 단계부터 예비 전략의 수립을 준비시킬 것이다. 몇 개월간 해 보고 안 되면 곧바로 B2B 노선으로 갈아탈 것이다. 영업팀은 어디로 투입해야 하냐고? 회사가 입주한 건물부터 시작해 보자. '입주자 대표 모임'에 "우리 건물 입주사부터 챙겨 드릴게요" 제안하겠다. 서비스를 제공 받은 회사 직원들이 친구들과 SNS로 소문 내게 만들어 버리는 작전이다.

좀 더 오버해 볼까? B2B 틈새 비집고 들어갔으면 '영업 끝'이 아니라 또 다른 제안도 할 것이다. 서비스 받는 회사 직원들의 부모님들이 이용한다고 하면 할인도 제공해 추가적인 매출 만들겠다. 여기서 끝날까? 부모님 세대 특유의 "옆집 애들은 이런 것도 해 주던데…"로 입소문이 퍼지는 것은 덤이다.

즉, 마케팅은 시장 점유고 고객의 최종 지지와 회사 매출을 창출하는 영업의 상위 개념이다. 다들 잘 알고 있는 에드워드 버네이즈 Edward Louis Bernays는 현대 PR의 아버지라 불린다. 그는 수많은 마케팅과 PR 전략으로 성공을 거뒀지만, 그중에서도 난 '자유의 횃불' 캠페인을 최고로 꼽는다. 물론 담배는 건강에 나쁜 것이지만, 버네이즈는 마케팅 PR 작전으로 공공장소에서의 여성들의 흡연을 권리로 만들었다. 이를 기획할 때, 당시 사회에 퍼진 여성들의 차별, 불만과 흡연율이 늘고 있는 시대상을 제대로 간파한 것이다.

안 팔린다 고민만 하는 업주는 하수다.

안 팔린다며 직원들 흔들고 같이 길거리로 나서는 사장은 중수다.

잘 팔리게 기능별 협업과 판매 대책을 준비한 대표는 고수다.

시장 점유율을 높일 수 있게 준비하고, 시대 및 사회상을 파악해 예비책까지 준비한 CEO는 초일류다.

대표들께 고함

마케팅 정책 수립 때 절대 혼자 해서는 안 된다. 유관부서 모두 긁어모아 부서별 임무와 책임, 업무량을 나눠야 한다. 이 협업 속에서 더 좋은 아이디어와 시장 점유 방안이 나올 수 있다. 또, 부서별로 특성이 공유돼 직원들의 상대방 업무 이해도까지 높아진다.

벤치마킹할 수 있는 사례를 추천해 달라면, 지금은 종영된 MBC의 〈구내식당〉 방송이다. 그중 농심편 시청을 권유한다. 농심에 근무하는 업계 선배와 기자들에게 귀동냥으로 많이 들었지만 방송에서 많이 배웠다. 새로운 라면을 출시할 때 농심 연구소에는 수프, 면 등 각 분야 연구원이 한 명씩 차출(?)돼 함께 고민한다. 여기에 마케터가 투입, 시장 상황과 소비자 반응을 알려 준다. 방송은 여기까지 나왔지만 이 뒤에는 광고 담당자의 매체 선정, 홍보담당자의 보도자료 배포와 소비자 정보 제공도 같이 포함될 것이다.

02

경험이 함정!
당신 판단 다 틀렸다

잘나가는 사람들. 그중 성공 스토리를 담은 자서전, 자기의 지난 얘기를 세상에 공개하는 CEO들은 직원과 같이 일한 사람들에게 공 돌리는 사람들 많다. 그러면서 잘 쓰는 말은 "운 좋았다"다. 이런 말 하는 사람들은 대부분 본인에게 운이 어떻게 왔는지 잘 모른다. 사 실 '운'이라는 것도 본인이 만든 것인데 잘 모른다. 대화하며 이런 저 런 것들 하나하나 짚어 주면 깜짝 놀란다. 맞다. 지금 당신의 운, 당 신이 만든 것이다. 이 운을 만드는 것은 그리 어렵지 않다. 가장 좋고 큰 운은 '시대를 바라보는 혜안'과 이를 뒷받침해 주는 직원들이다. 이 운들이 모이면 선택과 집중을 해야 하는 최종 결정권자인 대표의 어깨는 무지 가벼워진다.

이젠 옛날얘기인 2010년. 아이폰을 시작으로 본격 스마트폰 경제 시대가 시작됐을 때다. 어느 날, 사장이 출근하더니 기획팀·디자인

팀·개발팀 각 부서 팀장과 실무자를 모두 모았다. 다짜고짜 패션 쇼핑몰 가격 비교 사이트를 시작하라는 엄명이다. 두말하면 입 아프지만, 당시 대형 포털을 비롯해 오픈마켓과 전문영역별로 가격 비교 사이트가 성업 중이었다. 이게 모바일, 스마트폰으로 넘어갈 테니 선점하자는 것. 해서 무조건 만들어 내라는 지시를 내린 것이다. 이름도 거창했다. 당시 김혜수가 패션잡지 편집장 역할로 나오는 드라마에서 계속해 날리던 대사, "에지edge"를 신 서비스 이름으로 사장은 정하고 만들라 호들갑이었다.

자 여기까지는 누구나 다 생각할 수 있다. 과연 잘 됐을까?

2000년 초반, 포털 검색만 하면 소비자가 제발로 쇼핑몰에 접속하는 시대는 불과 10년도 안 돼 줄고 있었던 것이 시장 상황이었다. 해당 서비스를 오픈 한 뒤 실제 시장은 어떤 반응 보일지 모르는 상황인데, 무조건 만들라는 거다. 또, 해당 플랫폼에 비용 지불하고 들어올 '패션 쇼핑몰'의 확보와 차별성은 전혀 생각 못 하고 있었다. "우리 회사 서비스를 받는 곳만 모으면 돼!"가 사장의 매우 지혜로운 전략. 플랫폼을 타고 쇼핑몰로 이동해 물건을 살 '고객'들을 한 방에 보낼 수 있는 속칭 '킬링 콘텐츠Killing Contents'도 없었다. 먼저 시장을 선점하고 있던 옥션 어바웃, 네이버 지식쇼핑과 다른 게 0.1도 없었다. 아이디어가 나쁘진 않았던 것만 사실이다. 서비스를 시작할 때 조직 운용도 실패했다. 처음 서비스를 준비하면 패션 쇼핑몰을 직접 영업

해야 하는 영업팀도 불러야 했다. 이용할 고객 여론 형성에 필요한 홍보팀도 불러 대책, 예비책, 플랜 C까지 고민해야 했다. 사장은 이런 분야까지 전혀 생각지 못한 듯했다. 아니, 했다 하더라도 그건 머릿속에만 있었을 것이다.

창업주는 국내 최초로 임대형 쇼핑몰 솔루션 사업을 시작한 사람이다. 창업 후 커다란 실패 없이 회사를 10년 동안 이끈 경험의 소유자. 난 입사 초반에 출입기자 구성하며 인맥을 총동원해 예전 유통, 창업 담당 기자들 만나고 다녔다. 그중 한 명에게 사장 얘기하니 이런 말했다. "실패를 한 번도 안 했다고? 그럼 당신 사장 고집불통일 수 있다. 이런 사람은 고집, 억지가 장난 아니니 일할 때 잘 보좌해야 된다" 이게 무슨 말인지 몰랐는데, 2010년 '에지 어쩌고' 서비스만들 때 제대로 알아먹었다.

그 누구나 자기가 걸어왔던 것이 앞으로의 인생을 결정짓는 잣대가 되듯, 경험만큼 소중한 자산은 없다. 하지만, 이 경험이 대표들에게는 함정이나 독이 될 수 있으니 주의해야 한다.

다들 나보다 더 잘 알겠지만 현재 대한민국의 산업 환경을 짚어보겠다. 인터넷이 처음 태동해 한국 산업에 스며들기 시작한 때는 1990년대다. 급속도로 확장된 건 지금은 사라진 PC 통신 '유니텔'이 이용 고객 인터넷 전면 무료를 내세운 1996년부터다. 인터넷 쇼핑몰은 1990년 중반 인터파크가 국내 처음으로 서비스를 시작하며 넓혀졌다. 산업혁명 이후 100년 동안 쌓아 놓은 경제 환경을 인터넷이 대략 30년 만에 바꿔 버렸다.

스마트폰이 '생필품'으로 격상된 건 불과 10년 남짓이다. 30년 걸린 인터넷 기반 사업은 스마트폰의 출현으로 10년 만에 또 다른 생태계로 구성되는 중이다. 이제는 '4차 산업혁명'이라는 말도 일반화됐다. 현실이 이런데 본인이 사업 초창기때 했던 경험만으로 회사를 이끌고 실적, 순이익 40% 넘기겠다고? 교대에 진학한 고등학교 친구가 교지에 썼던 글귀가 이런 사장들의 행위에 딱이다.

'대한민국 교육은 19세기 건물에서 20세기 교사가 21세기 학생을 가르친다.'

당신의 경험은 매우 소중하다. 그리고 승리와 성공의 참맛은 그 무엇과도 바꿀 수 없다. 하지만, 이런 '과거의 영광'에만 매달려 거기에만 매몰돼 있으면 소중한 경험은 당신을 매장하는 함정이 된다.

역사는 미래의 거울이라는 격언이 있다. 이는 과거에 일어난 일에서 교훈 찾고 새로운 세상을 준비해야 한다는 뜻이다. 미련과 착각 전문(?) 업주, 사장들은 이를 '과거의 경험에서 찾자'로 오역한다. 골때린다. 피땀 흘렸던 경험을 근거로 새로운 세상과 시장에 대비해야 하는데, '경험'으로 포장된 '옛날 방식'으로 새 시대에 들어가려 한다. 바보도 이런 바보가 없다. 인정받는 CEO들은 자신의 경험을 새로운 시각으로 해석하고 준비하는 습관이 있다. 경험에만 매달리는 행동은 '어서 망하게 해야겠다'고 다짐하는 것이다.

회사 대표들을 만날 때 가장 많이 하는 부탁이자 조언이자 충고, 잔소리는 "당신은 젊지 않다. 당신은 젊은 세대보다 경험이 부족하다"라는 말이다. 뭔 소리냐고? 지금 일어나 회사를 둘러보자. 회사 조직원의 최소 90%는 당신보다 젊은 사람들이다. 개개인이 살아온 날은 당신보다 짧을지 몰라도 '집단'으로 넓게 보면 수많은 경험자요, 숨은 고객층이다. 인터넷은 당신이 더 빨리, 더 많이 썼을지는 몰라도 스마트폰을 생필품처럼 다룬 '선배'는 바로 직원들인 젊은 친구들이다.

고양이가 처음 내 곁에 왔을 때, 누나 딸들에게 연락하고 많이 물어봤다. 고양이는 조카들이 먼저 가족으로 맞이해 살았고, 더 오랜 시간을 함께해서다. 즉, 고양이 집사 선배들에게 후배가 물은 것이다. 이제 좀 이해가 되시나? 젊은 사람들은 생물학적 나이만 당신보다 어리지, 어느 한 분야에서는 당신의 선배다. 절대 잊지 마시라.

본론으로 돌아와, 이런 현실에서 새로운 실적을 내기 위해 고객을 유혹하려면 어떻게 해야 할까? 당신의 경험으로 만든 아이디어도 좋지만 그것을 고집하지 말아야 한다. 그 아이디어로 '생물학적 나이는 젊지만 스마트폰 경험이 많은 선배'들과 머리를 맞대야 한다. 여기에 같이 궁리하는 경력 직원들은 당신이 심사숙고해 들인 인재들이다. 뒀다가 국 끓여 먹으려고 뽑은 건 아니잖나? 직원들과 반드시 머리 맞대고 상의하시라. '내가 맞다' 우기는 건 뚝심이 아니라 똥고집이다. 여기에 반드시 추가해야 할 것은 제발 삽질 좀 그만하라는 거다. 새로운 시장 확인한답시고 남들도 다 보는 SNS 글과 정보만 보고 판단하는 미련한 짓 멈춰야 한다.

다시 또 말한다. 당신은 젊지 않다. 현재의 인터넷 문화와 댓글 및 온라인을 이끈 것은 당신이 맞다. 하지만 온라인에서 바닥서 허우적댄 예전 경험으로 댓글 놀이를 하다간 큰코다친다.

실수하는 대표들의 공통점 하나 더 추가하면 이런 것이 있다. 자기가 생각해 기막힌 아이디어라 판단하면 '선배'부터 찾는다. 이게 가장 큰 경험이고, 태어나 자라며 '통과', '합격'을 위한 교육과정에서 체득한 훌륭한 짓거리다. 이때부터 영화 〈벤자민 버튼의 시간은 거꾸로 간다〉 제목처럼 매출과 실적은 정반대로 간다.

질문 혹은 자문을 받은 선배들은 본인이 경험치 못했어도 연장자다. 뭐든 있어 보여야 된다. 그런 뒤 "해당 타겟층, 특히 젊은 사람들의 문화를 잘 파악해 응대하고 전략 수립해야 한다"고 말한다. 이런 말은 누구나 할 수 있다. 앵무새도 잘 가르치면 할 수 있는 말이다. 그럼 바로 사장들은 무릎을 탁 치며 "맞다" 한 뒤 자신의 경험 꺼내 젊은 척하며 고객들에게 접근한다. 흡사 "고객님, 당신 의견 '오나전' 캐공감. ㅎㅎ 이것 좀 써 주삼" 같은 식의 케케묵은 말로. 젊은 고객들은 아마 "어쩔티비?", "킹받네"라고 받아칠 것이다. 이게 무슨 말인지도 모른 채 뭔가 반응 나왔다고 신난다. 곧장 직원들에게 '나 이렇게 해서 반응

얻어왔다'라고 떠드는 푼수들도 꽤 있다. 왜 창피함은 직원들 몫인가.

나도 이런 착오를 했었다. 타의 추종을 불허할 정도로 수많은 번역서를 출간하신 학부 때 서양사 은사님께 어느 날 지혜를 구했다. 내 얘기를 다 들으신 교수님께서는 이렇게 말씀하셨다. "나보다는 자네 고객층과 비슷한 연령대 사람들과 대화하는 게 더 나을 거야. 그게 시간도 줄일 수 있고 말이야." 이 말씀 들으니 뒤통수를 후려 맞은 듯한 기분이었다.

순간 헬기부대 공보장교 시절 약 2주 동안 모셨던 참모님 말씀과 행동이 떠올랐다. 30년 동안 군에서 정훈공보장교로 복무하시면서 수많은 글을 쓰신 분이다. 본인이 작성한 글을 소령, 중위들에게도 보여 주며 수정해 달라고 하셨던 분이다. 그분 전출 회식 때 왜 그러신 건지 여쭤봤다. "글이란 건 쓰면 쓸수록, 보면 볼수록 다듬어지는 거야. 특히나 내 시야에서만 보면 절대 좋은 글 안 나와"라고 말씀하셨다.

2009년부터 내가 쓴 보도자료는 우리 팀원들한테도 보여 주며 수정했다. 절대 잘난 척 아니다. 월급쟁이 팀장 때부터 사업자 등록 한 뒤에도 이 행위는 이어졌다. '내 경험과 머릿속에 있는 단어가 과연 기자들에게 먹힐까?' 그리고 '기사가 출고된 뒤 먼저 눈길 끌고, 다음에는 검색어로 끌고, 마지막은 클릭과 결제까지 끌고 갈까?' 이런 생각들 했다. 이 책을 쓸 때도 읽어 줄 대표들에게 한 챕터씩이라도 보여 주고 의견을 얻었다.

다시 돌아와, 처음 아이디어 나왔으면, 이렇게 하는 것이 모범답안일 것이다. 당신 회사의 전문가들 그리고 젊은 선배들과 머리 맞대고 "이런저런 경험이 있어 아이디어가 나왔다. 이게 시장서 먹힐지 일주일 동안 같이 찾아보자"라고 해야 한다. 영화 〈쇼생크 탈출〉, 〈검사 외전〉 보시라. 교도관들이 수감자 중 해당 분야의 선수 찾는 장면들 나온다. 당신 회사 직원 중에도 그런 선수는 분명히 있다. 그 사람들과 머리 맞대면 찾을 수 있는 답을, 당신만의 경험에만 매몰돼 윽박지르면 시간 낭비다. 어떻게 잘해 보겠다고 외부에 맡기는 것도 방법이지만, 그게 다 '돈'이다. 신사업 할 때마다 외부에 용역 의뢰할 돈 많으면 하시라.(나도 있다. 흠흠.) 하지만, 지금의 인재만 활용해도 시간과 비용을 충분히 절약해 신사업에 진출하고 시행착오를 줄이며 실적 낼 수 있다.

이 글을 읽는 CEO 중 센스가 있는 사람은 아마 다음과 같은 질문법을 연상할 것이다. "예전에 이렇게 해서 매출과 고객이 늘었다. 이런 아이디어가 있는데, 세 달 동안 시장에 연착륙할 수 있는 방법을 구한다. 주 타겟 고객은 30대 초반. 어떤 걸 내세워야 자극받을까? 거기 김 대리. 대학 때 친구들은 지금 어떤 걸 좋아하나?"라고 탁월한 질문법이 쭈욱 나올 것이다.

공자님도 구슬 꿸 줄 몰라 촌부에게 물어봤다는 얘기가 있다. 모르는 걸 모른다고만 하라는 소리가 아니다. 인정하고 다 같이 "돈 더 많이 벌고, 회사를 키워 나가자"라고 직원들과 소통하며 매출을 늘리란 것이다.

그러면 함께 일한 직원들도 성취감을 가지게 된다. 또, 그 이익을 직원들과 함께 나누면 더 큰돈으로 변신해 기를 쓰고 당신을 스토킹(?)할 것이다. 매우 상식적이고 당연한 것이다. 이를 성공한 CEO들은 "운 좋았다"고 말하는 것이다. 본인의 경험에만 매몰되지 않으려 노력하는 것. '하늘은 스스로 돕는 자를 돕는다'라는 말처럼, 가벼운 의식 환기와 센스를 발휘하는 당신은 바로 스스로 '운'의 씨앗 뿌리는 것이다.

사장의 우격다짐으로 시작한 에지 어쩌고 서비스. 회사 튕겨진 뒤 누가 물어봐 확인해 보니 사라졌었다. 2022년 초, 모 기자와 모 연구소가 온라인 쇼핑몰 업계 전망을 물어봐 다시 생각났다. 당시 개발팀장에게 연락해 봤더니 예상대로 장사가 안 됐다는 것. 그냥 접었으면 상관없었을 것이다. 그런데 사장은 한동안 "기획팀이 잘못 생각했고, 개발팀이 더 빨리 개발하지 않았으며, 디자인팀도 에지 없게 디자인했다"고 직원들 탓만 했다는 것이다. '내가 지시한 대로 한 너희들이 다 잘못한 것'이란 거지. 참 잘하는 짓이다.

**대표가 판단과 결정 잘하면 '명 판관(判官) 포청천'으로 칭송받는다.
자신의 경험에만 매몰돼 우격다짐으로 결정하면? '환관(宦官)' 취급받는다.**

회사에는 당신이 경험치 못한 수많은 사회와 인생을 겪은 사람들이 득시글거리며 앉아 있다. 그들의 경험을 적극적으로 받아들여 당신의 경력과 융합시키면, 눈으로 보이는 성과에 더해 무형 자산까지 쌓을 수 있다. 세상은 계속해서 바뀐다. 물론 아침에 일어나 일하고 점심 먹고 일하다 퇴근하는 정형화된 삶은 계속될 것이다. 그러나 세상과 사회, 문화는 계속해 바뀐다.

코로나19만 두고 보자. 전에는 없던 재택근무가 이제는 기본이다. 회사들은 전용석을 없애고 자율석으로 바꾸고 있다. 눈치 빠른 회사는 고정비를 줄이는 기회로 삼는다. 재택근무를 늘려 임대료나 전기요금 등을 절약하는 현상이 가속화되고 있다. '전쟁은 과학 발전을 급속도로 앞당긴다'라는 말처럼, 코로나19 같은 외부적 자극은 사회를 더 빨리 바꾸는 촉매제 혹은 뇌관 역할을 한다.

어설픈 놈이 화두 하나 던져 보겠다.

2020년부터 소비와 경제의 주체로 MZ 세대가 떠올랐다. 자, 이제 당신이 판단할 차례다. 재택근무를 경험한 MZ세대의 소비 패턴은 어떤 형식일까? 이들은 지금 어떤 경험 중일까? 어떤 방법으로 이들이 당신 회사 서비스나 제품을 쓰고 결제하게 만들 수 있을까? 또, 어떻게 이를 다른 세대까지 확산시켜 시장을 장악할 것인가?

03

기막힌 Ctrl+C,
Ctrl+V 능력 버려라

모방은 성공의 첫걸음. 누구나 다 아는 말이다. 잠시 책을 덮고 10분만 생각해 보시라. 지금 하는 일이나 사업, 신사업 준비 등등. 어느 날 갑자기 눈앞에 '뿅'하고 나타난 것은 없다. 80%는 기존 서비스나 제품을 보완해 더 나은 것으로 준비한 것이다. 나머지 18%는(2%는 어디 갔을까?) 시장이 형성되는 상황을 보고 '아, 그럼 이걸 하면 되겠다' 싶어 내놓은 것이다. 미국의 서부시대 금 캐러 갔다 청바지 파는 게 더 낫다 싶어 다르게 움직인 것처럼.

나 보고 우리나라에서 좋은 예를 들라면 '채용 사이트'를 말한다. IMF 이후 평생직장은 사라지고, 경력직 채용 늘어나면서 그걸 사업화한 것이다. 굳이 언급하지 않아도 알 수 있는 취업 사이트 두 곳. 잘나가니 여기저기서 비슷한 서비스가 넘쳐나기 시작했다. 이것이 진화해 아르바이트까지….

남은 2%는? '이프로 부족할 때'가 아니라 진짜 '얼어걸린 것'으로 땡잡을 때다. 간혹 이런 일 나타난다. 이건 정말 하늘이 도우신 거다.

어쨌든 비록 어쭙잖은 지식이지만, 강의처럼 어디서 떠들 일 있거나 대표들 만나면 나는 이렇게 말한다.

모방한다는 것은 성공할 준비 시작이고,
모방당하는 것은 당신이 성공했다는 증거다.

어떤 일이고 처음 시작의 '원천'이 있다. 기존에 있던 서비스를 발전시켰든, 자연적으로 형성된 시장에서 준비한 재화를 팔든 어쩌든. "나는 아니다"라고 부정하며 기분 나빠할 사람도 있다. 당신 말 맞다. 하지만 내가 하고 싶은 말은 그 원천을 시작으로, '돈 벌고, 실적 내고, 잘살고'라는 '쓰리고'의 첫 단계는 모방 행위부터라는 것이다. 인터넷 지식 기반 사업이 일상화되며 이제는 '모방'이라는 단어보다 좀 더 고상한 '벤치마킹'이 보편화됐다.

직원들이 보고하고 대표가 확인해 보면 경쟁사가 더 잘되고, 매출도 안정적이다. 안 되겠다 싶어 이른바 '캐시 카우' 같은 서비스를 만들기 위해 벤치마킹에 들어간다. 상품·서비스 잘 만들기 위해 비슷한 걸 찾아서 벤치마킹해 보고 따라잡을 준비를 시작한다. 여기까지는 당연한 거고 그래야 하니 별 말씀 안 드린다.

문제는 기막힌 '복붙' 능력, 즉 'Ctrl+C, Ctrl+V'다. 더 발전시키지 못하는 딱 그 수준. 이렇게 시작해도 처음엔 어느 정도 성과(?) 보인다. 돈도 통장으로 뛰어 들어오고 고객들도 늘어난다. 처음 해 본 사업인데 이러니 푼수 업주와 돌대가리 직원들은 대단히 신기해한다. 서비스나 품질 올릴 생각하지 못하고 뭐 대단한 거 만들었다고 일제 강점기 관동군마냥 자화자찬하며 그대로 간다. 자, 반대를 생각해 보자. 돈 쓰는 소비자들은 이름 바뀐 게 나타나니 '어?' 하며 한 번 쓰고, 돈 지출해 본다. 그러다 특별한 점이 없으면 다시 '원류', '오리지널'로 돌아간다.

왜? 당신들이 만든 서비스나 제품보다 더 잘 되는 서비스, 제품을 쓴 경험 많아서다. 획기적인 혜택과 서비스 아니라면 돈 주고 왜 쓰나? '아니다' 항변할 사장도 있겠지만, 당신도 그 소비자 중 하나다. 동네서 쉽게 찾을 수 있다. 딱 여기까지 읽고 사무실이든 집이든 창밖을 보거나 걸어 나가 술집, 밥집 보시라. 다 같은 고깃집에 다 같은 편의점이다. 새로 생기면 한두 번은 찾지만 특별한 것 없으면 도로 예전 집이다. 속칭 '개업빨'로 잠시 잘되는 것 같지만 결국은 안된다. 다른 집과 차별화된 혜택이 없는데, 고객이 왜 남아야 하나? 또, 그 시간에 경쟁사는 손가락 빨며 가만히 앉아만 있을까? 먼저 시작했으니 더 많은 고객 상대한 경험과 노하우로 새로운 서비스나 혜택 준비한다. 이렇게 이탈을 막는다. 돈도 못 벌고 실적 낮은 회사의 사장들은 이런 '복붙' 능력만 출중하다.

다른 것보다 더 나은 서비스를 마련해도 문제는 언제나 생긴다. 회사 운영, 경영, 실적은 전쟁이다. 어린아이 앞에서는 찬물도 못 마신다는 속담처럼, 하나 잘되면 다 따라 하게 마련이다. 후발 주자가 '복붙'만 잘하면 당신은 하늘이 낸 사장이다. 그런데, 그런 바보 같은 경쟁사만 있을까? 그들은 당신의 서비스(제품)를 보고 더 나은 걸 꺼낼 수 있다. 국가대표급 능력과 감성, 정보력 지닌 CEO는 처음 서비스(제품)를 준비 때부터 후발 주자의 진입을 예상한다. 또, 이런 상황에 대비하는 각종 대책을 수립한다. 내가 목격한 선수들의 경우, 평균적으로 예비책을 두세 개 정도 준비하는 기민함이 있었다. 하지만 그렇지 않은 대부분의 업주는 후발 주자의 추격이 시작되면 그 사람들 좋으라고 허둥대는 '미덕'을 보인다.

이런 상황을 만나지 않으려면, 천부적으로 활용하는 '복붙'에만 기댈 생각은 반드시 버려야 한다. 또, 벤치마킹으로 더 나은 서비스(제품)를 내놓고 시장 점유율이 커지면 그동안 했던 마케팅과 영업 정책은 다시 돌아보고 살펴야 된다. 다시 말하지만 실적과 매출은 경쟁사와의 처절한 전쟁으로 얻는 것이다. 후발 주자가 예상대로 참전하면 독하게 그들을 흔들어야 된다. 반대로 후발 주자들은 스스로 분수 및 주제 파악을 제대로 한 뒤 선두 주자를 괴롭혀야 한다. 단, 윤리적·도덕적·합법적·사회적·문화적인 기본 지키며.

내게 방법을 물으면 '비워야 채운다'라는 얘기부터 할 것이다. 지금까지 당신이 잘 이끌었지만, 그중 분명 '약발' 다한 방법이 있을 것이다. 경쟁사들이 이를 '매우 대단한 것'으로 착각하게 만들어야 한다.

그 뒤 이쁘게 포장해서 던지면 된다. 물론, 꼭 새로운 방법을 찾고 준비한 뒤에. 그러면 그들은 내가 이미 끝난 방법을 가지고 뭔가 대단한 것을 찾았다 기뻐하며 '후진 준비'를 시작한다. 이렇게 하면 경쟁사보다 빨리 앞설 수 있다. 내가 잘 쓰는 말 중에 '곰보다 빨리 뛸 필요 없다'는 말이 있다. 다 아는 내용이다. 친구 둘이 산에서 곰을 만났다. 이때 한 명이 재빠르게 운동화로 갈아 신었다. 다른 친구가 "너 신발 바꿔 봤자 곰보다 빨리 못 뛰어"라고 하자, 신발 갈아 신은 친구는 이렇게 말했다.

"너보다 빨리 뛰면 산다."

'복붙'만 잘하는 업주들은 신발 갈아 신을 줄 모르는 '미련 곰탱이'들이다.

M사에서 한창 사장의 사랑을(우웩!) 받고 있을 때였다. 라디오 광고도 한창 잘 되고 있었다. 퇴근 후 누구 꼬셔서 술 한잔 하나 고민하던 오후 2시 무렵 광고대행사에서 연락이 왔다. 경쟁사들이 라디오 광고에 참전한다는 정보. 우리가 라디오 광고로 재미 보니 따라 들어온 것이다. 대형 오픈마켓의 홍보팀 이사도 "너희 얼마나 쓰냐?"며 월 억대 광고비를 쓰는 것으로 착각할 정도였으니, 효과는 검증된 셈이었다. 경력과 짬밥 있어 그런지(물론 경쟁사 골탕 먹이기 매우 좋아하는 악동 기질도 포함.) 곧바로 준비한 작전을 시작했다. 두목(?)

께 "광고 청약, 1년 통으로 합시다"로 보고했다. 비용은 제일 적게 쓰지만 효과는 우리가 더 많이. 경쟁사는 돈 진탕 깨지게 만들고 청취율 낮은 밤 11시나 새벽 5~6시 사이로 몰아넣자는 게 목적이었다. 라디오 광고의 청약(예약)은 무료다. 한 달 광고가 나간 뒤 후불로 결제하면 된다. 취소는 광고 온에어On-Air 2주 전에만 하면 된다.

이렇게 보고했더니 "무슨 헛소리냐? 청약하지 마"란 답이 돌아왔다. 하루 고민하고 또 보고하고, 그다음 날까지 사흘 연속으로 보챘지만 소용없었다. 결국, '뭐… 잘리기 밖에 더 하겠어?'란 생각에 사고쳤다. 광고대행사에 '책임질 테니 1년 청약 다 걸어 버리시라' 연락했다. 2달 뒤에 경쟁사들 상황 파악한 두목이 그제야 광고 청약을 걸라고 지시했다. "네"로 끝냈다. "이미 다 했으니 걱정 마쇼"란 말도 안 했다. 속으로만 '이미 끝냈으니 걱정마셔'였다. 그날 퇴근 후 기분 좋게 한잔했다. 이 사실 십수 년 만에 처음 공개한다.

이건 내가 잘했다는 게 진짜, 절대 아니다. 광고대행사가 준 의견으로 최적 방안을 빠르게 판단해 실행한 것밖에 없다. 여기서 내가 잘한 건 딱 하나, 처음부터 한 '궁리'다. 첫 라디오 광고 진행 때부터 내 큰 대가리 속에는 '분명 나중에 경쟁사들도 따라올 거다'란 생각이 들어 있었다. 보도자료 리드문도 베껴 쓰는 판인데, '복붙'에 있어서는 기막히고 탁월한 능력 발휘할 것이라는 판단에서였다. 반대로, 당시 경쟁사들은 무조건 박 터지게 밀고 들어와서는 안 됐다. 비슷한 시간에 청취율 좋은 다른 프로그램을 찾는 게 모범 답안이다. 최소한 '쟤네들 청약 빠지면 우리가 들어간다'라는 태세였어야 한다.

이처럼 매우 쉬운 해법이 있는데, 무작정 밀고 들어와 돈은 돈대로 깨지고 광고는 재미도 못 봤다. 공개하고 보니 '콜럼버스의 달걀'이다. 소설 『삼국지연의』나 역사에 나오는 주요 전투를 보면 "저 방법에 속아?" 하는 경우 많다. 근데, 막상 닥치면 다들 당황한다. 교과서적인 얘기지만 '유비무환有備無患' 외엔 답 없다. 모방만 잘하는 업주, 사장들은 유비무환은 생각하지 못한다. 벤치마킹 잘해 시장 점유율을 키우고, 고객들이 회사 통장에 돈을 무지막지하게 던지게 만드는 대표 및 CEO들은 복붙보다 우발 상황을 궁리하며 언제나 준비, 대비하는 사람들이다.

무조건 비슷하게만 따라 하는 당신들의 탁월한 복붙 능력은 해사害社 행위다. 당장은 편할 수 있어도 선두 주자들의 견제를 시작으로 후발 주자들의 무서운 추격을 받는다.

2007년에 출간된 《스틱》. 이 책에는 아이디어를 꺼내는 방법과 수많은 사례와 예시가 있다. 대표적인 것이 남자 소변기에 붙인 '파리 스티커'다. 내게 이 책의 서평을 물으면 이렇게 말해 준다. "고객의 무릎을 탁 치게 만드는 아이디어는 언제나 그들이 필요로 하고 생각한 것이다. 돈 벌려면 고객이 무릎을 탁 치게 만드는 아이디어를 만들어야 한다"

그럼 '복붙'을 발전시키는 법을 정리해 볼까?

벤치마킹할 서비스 확인

↓

게시판이나 댓글로 고객 불만, 개선 사항 확인

↓

비슷한 서비스 개발 시 꼭 반영해야 할 점 확인

↓

해당 고객층 특성(나이, 성별, 잘 쓰는 말. 여기에 꼭 넣어야 할 것은
인터넷 게시판 문화) 확인

↓

서비스 개시 후, 목표 기한 내에 목표 회원 수 확보

↓

1년 후, 경쟁사 추격 대비, 부가 기능 추가

↓

경쟁사보다 좋은 내용 어필 및 각인

지금은 사라졌지만, 아이디어가 넘치는 남성 의류 쇼핑몰이 있었다. 이 쇼핑몰 콘셉트는 '형'. 각 쇼핑몰과 회사 홈페이지에는 고객들이 모이고 참여하는 게시판이 있다. 여기도 있었다. 게시판에 재밌는 사진이나 글을 올리면 운영자가 반말로 '용돈 준다'며 포인트를 제공했다. 여기에 '엄마가 싫어하는 쇼핑몰 1위'라는 쇼핑몰 소개도 걸작이었다. 이러니 남성 회원들의 접속과 체류가 늘고, 매출도 높았다. 유머 게시판을 단순히 복붙한 게 아니고 발전시킨 것이다.

이름만 대면 알만한 여성 의류 쇼핑몰 CEO. 나는 기자들에게 이 쇼핑몰 대표가 우리나라 1세대 SNS 마케팅, 소셜 커머스의 창시자라고 오버하며 소개했다. 이런 식이다. 싸이월드 시절, 어느 날 이런 글을 올린다. '내가 오늘 병원에 다녀와서 많이 아파. 기분도 그러니

선착순 ○○명 구매할 때 이 글 캡처해 올리면 50% 할인!' 이 글을 일촌들이 다 본다. 그러면 한 시간 안에 해당 제품은 완판. 감탄할 수밖에 없지 않은가?

대표들께 고함

영화 〈도둑들〉 첫 시작은 미술관을 터는 장면이다. 여기서 '씹던 껌(김혜숙 배우)'은 이런 대사 날린다. "얘. 벤츠도 한 번 타면 중고야" 맞다. 신차도 20km만 달리면 중고차다. '새 타이어도 교체 후 매장을 나오면 곧바로 중고'라는 말은 자동차 업계서 자주 쓰인다. 서비스나 제품은 시작한 지 길어야 1년 뒤면 '옛날얘기'로 취급받는다. 잘되는 서비스는 고객들이 몰리고, '똥파리' 같은 경쟁사들도 몰려 우후죽순 비슷한 서비스가 나온다. '창조는 모방서부터 시작'이라는 말처럼, 모방으로 시작하는 것은 좋지만 '창조'로 격상되려면 언제나 신선한 아이디어를 더해야 한다는 것은 '개나 소나' 다 아는 얘기다. 가장 중요한 것은 처음 준비 단계부터 6개월, 1년 내 경쟁사들의 준동을 예상하고 미리 딱 한 줄, 예를 들어 '그때는 이러저러한 기능 추가. 페이지 단어를 시기에 맞는 MZ 세대 용어로 변경'과 같은 예비책을 마련하는 것이다.

이후 운용하며 검증된 방식을 최소 격월별로 점검해야 한다. 그러면 폐기해야 할 아이디어나 정책들이 나온다. 예를 들면 후발주자가 비슷하게 따라하는 서비스나, 할인, 장기 결제 시 혜택 같은 것이다. 이런 것들은 무조건 다 공개해야 한다. 홍보쟁이인 나는 실제로 그렇게 많이 했다. 그러면서 이 마케팅을 진행한 사장이나 고객사 대표들을 '새로운 것' 찾아낸 훌륭한 CEO로 브랜딩시켰다. 겉으로만 이렇다. 더 큰 이득은 따로 숨어 있다. 후발 주자들은 폐기하려 만든 고상한(?) 브랜딩에 속는다. 그걸 보고 똑같이 따라 하며 스스로 함정에 빠지게 된다. 그들이 그걸로 물고 늘어질 때 우리는 한 발만 앞서가면 된다. 잊지 말자. 마케팅과 실적은 전쟁이다. 단물 다 빠진 아이디어나 정책은 버려야 된다.

평판이 곧 실적이다

"20년 명성이 무너지는 것은 5분이면 충분하다."
- 워렌 버핏, 《깐깐한 기자와 대화하는 법》 인용문 중에서

누구나 다 알고 있지만, 지금은 브랜드 마케팅의 시대다. 위키백과
는 브랜드를 다음과 같이 정의하고 있다.

> **브랜드(brand)는 어떤 경제적인 생산자를 구별하는 지각된 이미지와**
> **경험의 집합이며 보다 좁게는 어떤 상품이나 회사를 나타내는 상표,**
> **표지다. 숫자, 글자, 글자체, 간략화된 이미지인 로고, 색상, 구호를**
> **포함한다. 브랜드는 특히 기업의 무형자산으로, 소비자와 시장에서**
> **그 기업의 가치를 상징한다.**

브랜드 어원은 수많은 연구가 있지만 이른바 '낙인', '자국'이라는
의미에서 비롯됐다고 얘기한다. 이것을 회사의 매출 및 실적으로 좁

혀 보면 브랜드는 곧 '평판'으로 쉽게 말할 수 있다. 좋은 사람, 좋은 곳이면 사람들이 더 많이 찾는 것과 같다.

2019년 강원도 산불 사태 당시, 전남서 달려와 준 소방관에게 고맙다며 닭갈비를 보낸 가게가 있었다. 같은 해, 홍대에 있는 파스타 가게 한 곳은 결식 아동에게 당당하게 들어와 식사하라고 권하며 선한 행동을 펼쳤다. 이 가게들은 이후 '돈쭐내기(돈으로 혼쭐내기)' 목표물이 됐다. 이처럼 좋은 이미지, 브랜드는 새로운 수요를 창출하고 더 많은 팬덤과 지지층 결집에 중요한 역할을 한다. 이를 대표나 사장으로 대입시키면 의미가 더하다는 것이 내 지론이다. 회사가 쌓은 브랜드와 그 회사를 이끄는 대표의 평판은 작게는 회사 매출로 이어지고, 크게는 지속 가능한 성장의 발판이다.

내가 대표들께 강조하는 '평판 관리'는 바로 브랜드 하위 개념으로 '좋은 얘기 계속'돼야 한다는 것이다. 중견기업으로 가는 길목까지 회사 창업주, 대표의 브랜드는 매출의 큰 부분이다. 정정한다. 전부다. '창업주, 대표 이미지=회사 매출'이다. 시작한 지 얼마 되지 않고 규모가 상대적으로 작을수록 회사 대표의 평판은 매출, 성장과 직결된다.

잠시 PR을 진행했던 코딩 업체가 있었다. 처음 만났을 땐 뭐든 다할 것처럼 내게 얘기했다. 이런 업주들 한두 번 아니어서 알아서 잘 '걸러' 들었다. 예상대로, 계약 후 둘째 달부터 삐걱대기 시작. 인터뷰를 만들어 달라 해 출입기자에게 어렵사리 부탁해 만들었다. 그런데, 인터뷰전날 저녁에 '내일 일정이 생겨 인터뷰 못 한다'라는 연락이 왔다. 기자와 인터뷰 약속 깨는 것은 큰 결례다. 그것도 전날 저녁에…. 큰 바이어 미팅이나 영업이라면 어떻게든 해 보겠지만, 말 들어보니 정말 별것 아니었다. 이렇게 펑크 내면 내 이미지도 나빠져 나도 장사 못한다고 설명하고 다음 날 겨우 진행했다.

한 번은 대기업 사내 어린이집에 샘플링과 시험 사용을 위해 언론사 데스크에 부탁해 열심히 다리를 놓고 있었다. 대기업의 사내 어린이집에서 코딩 교육을 한다면 가져올 효과는 상상 이상. 게다가 운 좋으면 대기업의 투자도 받을 수 있다. 처음엔 좋다고 하더니 일주일 뒤 무슨 배짱인지 "안 들어가도 된다"는 연락 왔다. 특별한 이유도 없었다. 이 외에 다른 제휴를 찾아 줘도 언제나 이상한 말만 했다. 이런 가뜩이나 짜증 나는 일이 계속되고 있는데 대행료까지 밀리기 시작했다. 석 달 대행료가 밀린 상황에서 계약을 해지했다.

마지막 만날 때 한 달 안에 반드시 입금한다는 말과 달리, 1년 넘게 입금은커녕 "다음 달"이란 말만 앵무새처럼 반복했다. 내용증명을 보내니 회사 문 닫고 우편물 안 받고 버텼다. 결국 법원으로 가서 약식판결 받았다. 차압 통지가 들어가니 그제야 입금했다. 그 뒤, 본의 아니게 이 회사와 연관된 많은 업체를 만났다. 연결하면 돈 될 만한 곳들도 꽤 있었다. 하지만 약속 안 지키고 도망만 다니는 업주를 소개해 주면? 나는 어떻게 될까?

더한 사람은 널리고 널렸다. 2015년 페이스북으로 알게 된 사람이

바이오 벤처 대표를 만나 아이디어 주라 했다. 통화 후 나흘 뒤에 서울 출장 온 업주와 용산역에서 2시간 만나 아이디어를 줬다. 계약하자고 그쪽이 먼저 얘기를 꺼냈다. 그래도 과정이 있으니 '피티PT는 꼭 받으셔야 된다'고 했다. 바로 1주일 뒤 월요일에 전남 여수 방문을 약속했다.

약속 날, 도착 1시간 전에 얼마 남지 않았다 연락했다. 곧바로 전화 오더니 "진짜 오냐?"란다. 뭐? 장난해? "용산에서 서로 스마트폰 보며 일정 보고 약속하지 않았냐?" 했더니 "진짜 올 줄 몰랐다"고 했다. 그러곤 자기는 지금 서울 출장 중이니 못 만난다며 일방적으로 전화를 끊었다. 열통 제대로 터졌다. 차 돌려 오다가 전주에 들렀다. 베테랑 분식집에서 대학 때 먹던 쫄면, 칼국수를 혼자 한 그릇씩 비우고 집으로 귀가했다. 영업 출장은 추억 여행으로 변했다.

원수는 외나무다리서 만난다. 이듬해인 2016년 투자 회사를 PR할 때다. 투자 회사 대표와 투자 받은 회사 사장과 셋이 만났다. 투자 받은 회사는 좋은 투자처라며 자기 후배인 '진짜 오냐' 업주를 소개했다. 말 끝날 때까지 기다렸다 위 사실을 얘기했다. "약속 안 지키는 사람한테 투자하시려고요?"

우연이라 할 수 있을 것이다. 앞에서 얘기한 대로 '운 좋았을 뿐이다'란 CEO들은 스스로 운을 만들어간다. '운이란 기회 잡을 준비가 된 자의 것'이란 철학자 세네카의 말 있다. 운은 스스로 만들어 가는 것임을 절대 잊지 말아야 한다. 그리고, 세상은 좁다. 2006년에 출간된 《대한민국에서 봉급쟁이로 산다는 것》에는 '대한민국 여섯 명 이론'이 나온다. 여섯 명만 거치면 누구인지 다 안다는 것. 6명 이론 매우 무섭다. 절대 우습게 보지 말아야 한다.

어쨌든, 회사가 상대적으로 작고, 사업을 시작한 지 얼마 되지 않았다면 약속은 꼭 지키고 스스로 행실을 살펴야 한다. '대표=회사=매출' 공식은 이럴 때 기가 막히게 적용된다. '에이, 설마?' 하겠지만 당신의 행동은 '저 사람 믿고 갈 수 있다'는 신뢰를 쌓는 데 결정적이다. 약속을 지키지 않고 평판 관리를 대충 하면 '싹수가 노랗다'는 부정 의미가 씌워진다. 당신이 꼭 체결해야 하는 큰 계약이나, 꼭 성공시켜야 하는 프로젝트에 과거의 나쁜 사례가 떡하니 공개되면 끝이다. 바늘 도둑이 소도둑 된다는 속담. 나는 소 훔칠 생각이 전혀 없지만 이미 소도둑놈으로 브랜딩 된다.

여기서 끝일까? 이렇게 시작된 소문은 결국 '뭐든 안 되게 만드는' 1등 공신이다. 당신이 쉽게 생각했든, 상대를 얕잡아 보았든, 아니면 정말 어려워서였든 상황은 관계없다. 당신의 평판은 당신의 행동에서 비롯된다는 사실, 결코 잊어서는 안 된다.

회사가 어느 정도 굴러가면 '회사 평판' 관리도 잘해야 된다. 대기업도 나쁜 평판 받고 불매 운동을 겪으면, 욕 따라다니면서 매출에 악영향을 끼친다. 상장사라면 곧바로 주식까지 하락한다. 원인은 여러 곳이다. 상품이나 서비스에서 직접 생기는 문제부터 직원의 고객 응대, 심지어 다른 유관 업체들과의 갈등까지⋯. 무엇을 상상하든 그 이상이다. 이런 '대환장 파티'의 서막은 대부분 직원이 1차로 벌이고, 보고 받아도 '별일 아니겠지'라 착각하는 업주들의 안일한 태도로 커진다. '돈쭐' 나도 시원찮을 판에 스스로 매출을 떨어뜨리려 노력하는 짓이다. 옆에서 충고해도 대부분 별것 아니라고 하다가 셀프로 자기 발목 잡는 사람들 허다하다.

홍보담당자와 기자들 모이는 번개는 자주 있다. 어느 참석한 자리였다. 혈중알코올농도가 진해지자, 무장 해제되며 이런저런 얘기들이 나왔다. 그러다 한 업체 홍보팀장이 푸념을 털어놓았다. 거래처 남자 직원 하나가 자기 회사에만 오면 여자 직원들에게 귀찮게 굴어 성질난다는 것. 술 확 깼다. 예전 다녔던 회사에 그런 놈이 하나 있어서였다. 단호한 여자들의 거절 'No'는 조금 더 어필해 달라는 거라며 착각하는 진화가 덜 된 크로마뇽인 같은 놈이 있었다.

어쨌든 그 홍보팀장 입에서 귀에 익은 회사의 이름이 나왔다. 잠시 뒤 같이 담배 필 때 슬쩍 물어보니 아는 회사(이하 A회사)가 맞았다. 그 홍보팀장에게 너무 노여워 말라고 하니, A회사에 직원 관리 잘하라고 대신 전해 달라는 얘기 들었다. 이런 일이 이슈 되면 경찰 조사 받고 악성 기사가 나온다. 그러면 회사 위신이 떨어지는 건 기본이다. 그때부터 제휴고 나발이고 전부 날라 간다. 그뿐일까? 업계에 소문 퍼지는 건 한순간이다.

술자리가 끝난 다음 날, 몰려온 숙취 속에서 고민 좀 했다. 그 홍보 팀장의 말은 일방적일 수도 있어 사실 확인이 필요했다. A회사 사장과 만날 때 같이 만났던 직원에게 안부를 핑계로 물었다. 사실이었다. 부서장이 주의를 주니 문제 일으키는 직원은 "장난이었다"라고 말하더라는 것. 왜 보고하지 않았냐고 물었더니 "해 봐야 별 수 없더라"고. 이후 넉 달간 잊고 지내다 연말에 A사 사장과 안부 전화하다 생각났다. 얘기 꺼내니 A사 사장은 왜 우리 직원을 못 믿냐고 말했다. 그냥 조심해야 된다고 알려 준 건데 이건 뭐…. 그 뒤 A회사 사장 연락은 다양한 핑계(코로나19가 이럴 때 훌륭한 방패가 됐다.)로 막고 안 만나고 있다. 이제는 책 나왔으니 알 거다.

회사 평판을 좀먹는 행위는 대표가 조금만 주의하면 된다. 조직 얘기 때도 언급했지만, 단순한 의견 대립이나 뜬소문처럼 회사 내부서 일어나는 문제가 있을 수 있다. 진짜 아니다 싶으면 마키아벨리 『군주론』처럼 추상秋霜 같은 엄명으로 누를 수 있다. 하지만 외부서 생기는 역적 행위는? 방법 없다. 사전 예방이 최선이다. 인사나 기획부서, 아니면 법무부서에 감사 기능 붙여 주기적으로 직원들 의식 환기시키는 공지나 교육해야 한다. 법적으로도 연 1회씩 노무·인사·성희롱 교육은 하게 돼 있다. 여기까지 설명하면 사장들 대부분은 "이건 조직 관리 아닌가? 매출하고 무슨 상관이냐"라고 한다. 이런 사람들은 사업하지 말아야 하는 그냥 '일반인'이다. 제대로 된 대표들은 회사의 브랜드, 평판이 나쁘면 매출과 수익성까지 직결된다는 것 알고 조치를 취한다. 초일류 CEO는 내외부 평판을 잘 확인해 앞으로 회사가 나아가야 할 방향과 브랜딩에 적극적이다.

다시 한번 얘기하지만 평판, 브랜딩은 회사 매출과 직결되는 무섭고 중요한 부분이다. 돈 버는 것, 수익 창출과 무슨 연관이냐 하지 말고 반드시 챙겨야 한다. 잘나가는 글로벌 기업이나 대기업, 중견기업들이 왜 사회 공헌과 브랜드 관리에 그렇게 열심인지 다시 한번 생각들 하시라. 평판과 브랜드는 회사 규모가 작을수록 더 잘 지켜야 하고, 처음부터 매우 잘 키워야 된다. 그래야 회사 통장이 살찐다.

다이어트가 절대 필요 없는 것은 딱 하나다. 회사 통장.

대표들께 고함

지금은 PR 업계를 떠난 양진형 대표께서 저술하신 《회사를 살리는 홍보, 회사를 망치는 홍보》에 이런 말이 있다. '죽어 봐야 죽는 맛 안다.' 평판 관리에 실패하면 단순히 물리적, 금전적인 피해에서 그치지 않는다. 성장과 미래까지 갉아 먹는다. 때문에, 대표와 직원들의 활동, 회사 내외부에 생기는 평판과 브랜딩은 아무리 강조해도 지나치지 않다. 한 상장사에서 직원이 내부 자금을 횡령하고 도망가 상장 폐지까지 겪은 사건도 있다. 그게 고객과 무슨 상관이냐고 할 무지한 업주들도 있을 것이다. '직원이 1000억대 돈 꿀꺽하는 동안 회사는 뭐했냐?'가 바로 그 회사의 평판이 된다. 그런 조직과 거래하고 싶어 하는 기업은 없다. 소비자 불신은 더하다.

전(前) 뉴욕시장 루돌프 줄리아니는 1994년 취임 후 뉴욕 관광객 유치에 골 머리를 썩었다고 전한다. 당시 폭력과 범죄로 대표되는 '할렘가' 이미지 때문에 관광객이 줄고 있었다고. 줄리아니 시장은 다른 도시로 빠져나가는 관광객을 뉴욕으로 끌어들이기 위해 쉬운 아이디어부터 시작했다. 예술적인 그라피티를 제외한 '낙서'부터 지웠다. 미국 범죄 영화를 떠올리면 쉽게 이해된다. '깨진 유리창의 법칙'처럼 안 좋은 환경을 방치하면 나쁜 일이 계속해 일어난다. 범죄가 연상되는 낙서는 박박 지우며 경찰 순찰을 강화하는 등 계속해 노력했다. 8년 정도 지난 뒤, 범죄율은 줄었고 관광객은 다시 늘었다.

잊지 말자. 기업에게 브랜드와 평판은 '호환', '마마', '음란 비디오'보다 더 무서운 존재다.

한 방에 해결하는 건
테러리스트뿐이다

대표들에게 가장 큰 스트레스를 꼽으라면? '일상생활 전부'다. 심지어 밥 먹는 것도 스트레스다. 영원한 진리와 정의는 없다지만 이건 불변이다. 그중 억지로라도 최악을 고르라면 난 주저 없이 실적과 매출을 선택한다. 사업이란 걸 왜 할까? 세상을 바꾸려는 선한 의도도 있겠지만 결국 '돈'이다. 돈 못 벌면 아무리 좋은 것을 내놔도 말짱 꽝이다. 꽝으로 끝나면 다행이게? 실패에 각종 주홍 글씨가 새겨져서 재기 불능이 되고, 속칭 '마포대교' 찾는 최악의 상황으로 갈 수도 있다.

기업, 사업 목표의 1순위는 실적과 매출, 경제적 이윤의 창출이다. 이건 무조건이다. "매출, 실적 때문에 생기는 스트레스, 안 받는 방법이 있나요?"라는 질문을 수시로 받는다. 내 답? 뻔하다. 없다. 결코, 기필코, 단연코, 절대 없다! 스트레스는 매출과 실적의 영원한 동반자다. 사우나와 똑같다. 땀도 빼고 시원하지만 뜨거운 열기 속에서 버텨야 하니 말이다.

내 통장을 토실토실하게 살찌우는 '돈 만드는 구조와 과정'은 한 번에 절대 안 된다. 또, 아무리 획기적인 아이템이라도 한 방에 시장을 점유하지 못한다. 로또 당첨 확률과 번개 맞을 확률보다 희박한 확률을 뚫고 어쩌다 얻어걸리는 경우도 있다. 하지만, 이 또한 열심히 준비하고 계속해 시장 확인과 진입하는 과정을 거쳐야만 '얻어걸릴' 수 있다.

첫 책에서 이런 표현을 썼었다.

정상에 오른 사람들은 그냥 쉽게 올라간 것이 절대! 아니다.
이보다 더한 상황을 극복하고 올라간 것이다. 정상에 올랐다지만 그들은
아직도 행군 중이다. 쉽게 말하면 50분 행군하다 10분 휴식 중인데
당신들은 그 10분의 휴식을 모든 것으로 보고 쉽게 생각하는 것이다.

여기서 '10분 휴식'은 바로 힘들게 일한 뒤 다른 사람들에게 찬사나 칭찬받는 순간을 의미한다. 그런데, 무식한 사장들은 이 10분 휴식만 본다. 그래서 50분의 과정은 생각지도 못하고 바로 뭐든 한 번에 해결하려는 습성을 가지고 있다. 상품이나 서비스를 만드는 과정도 한 방에 끝내려는 야만적이고 몰상식한 행동도 한다. 아니면 제품·서비스 출시 후 '큰 거' 한 방만 노리며(주로 납품, B2B 사업) 거기에만 줄창 정력 낭비하는 사람도 있다. 어느 경우든 이러다간 '홀라당'하고 끝난다. 이들 논리는 약간씩 다르지만 통쳐서 정리하면 '비빔밥론'이다. '좋고 건강한 재료를 모아 맛있게 비비는 방식만 선보이면 다 된다'는 식이다. 일단 좋은 것을 모으면 한 방에 다 되는 거 아니냐는 심리다.

이들의 또 다른 공통 사항은 '나', '우리 회사' 빼고는 모두 "절대 아니다"라는 군건한 믿음의 소유자다. 자사 제품·서비스를 안 쓰는 소비자들은 백정이나 천민보다 더 못한, 무식하고 천박하다고 비난하고, 회사 안에서 직원들에게 '나쁜 고객'이라고 만든다. 경쟁사 제품·서비스를 쓰는 소비자는 '역적'이다. 경쟁사의 인기 있는 제품·서비스는 기습 남침한 공산군보다 더 나쁜 놈들이다. 이러며 '우리는 뭐든 한 방에 해결할 수 있다'고 군사정권 시절 때 자주 진행한 웅변대회 연사처럼 '강력히 주장'한다. 이런 사람들 없는 것 같지만 무지 많다.

대표들은 중요한 사실을 절대 잊어선 안 된다. 지금 잘나가는 회사들은 한 방에 해결한 성과는 없다. 진짜 운이 없으면 '때'라는 것도 찾아오지 않는다. 성공했다고 평가받는 대표나 CEO들은 제품·서비스를 한 번에 만들지 않았다. 또, 한 방에 성공시킨 적도 없다. 시장에 안착시키고, 고객들이 믿고 기꺼이 지갑을 열게 하는 시간과 과정(마케팅 행위) 거쳤다. 마음속에 '한 방', '한 번'이라는 꿈 가진 사람들은 케이블 TV 광고를 떠올려 보자.

지상파와 종편을 제외한 일반 케이블 방송의 광고 패턴 뻔하다. 추석 다가오면 '예초기' 광고로 도배다. 겨울이면 욕실 난방기구와 1인 목욕탕 광고로 꽉 찬다. 여름이면? 모기장과 방충망. 봄이면 욕실 바닥 코팅제, 원예 호스 등등…. 가끔 광고를 보다 나도 혹할 때 있다. 아이디어에 감탄하며 직업병이 발동된다. 검색하며 광고에서 본 제품·서비스와 회사를 찾는다. 비슷한 제품들 확인은 기본. 인터넷 쇼핑몰에서 판매순, 인기순, 가격순으로 최소한 네 번 검색한다. 비슷한 제품들 차고 넘친다.

한 방에 끝내려는 사장들에게 꼭 말해 주고 싶은 말 있다.
당신들 제품, 서비스 말고 다른 더 좋은 것 있는데 왜 써?

뭐든 한 번에 해결하려는 업주, 사장들의 잘못된 판단과 생각은 사업 아이템을 '똥값'으로 만드는 원동력이다. '소비자들은 열광하지 않는다. 반응할 뿐이다'라는 마케팅 격언도 있다. 스티브 잡스처럼 이른바 기업인들에게도 '팬덤'이 생겨 그들의 서비스, 제품에 열렬히 반응하는 고객들도 분명히 있다. 하지만 이는 소수다. 물론 이 소수가 높은 구매력과 소비 재창출의 1등 공신이다. 하지만 나머지 고객들은? 비교해 보고 큰 차이가 없으면 둘 중 하나다. 가격 싸거나 사후 서비스 잘해 주는 것을 선택한다.

이런 현상과 사실, 사례를 이해해야 하는데 무식하게 한 방에 해결하려면 제대로 될까? 이런 사장들은 출근하면 직원들에게 '독려'와 '칭찬'을 한답시고 빨리 만들어 내라고 난리 치는 습관 있다. 그러며 완성되지도 않은 설익은 제품, 서비스를 '자뻑'에 사로잡혀 성급하게 끄집어낸다. 명분은 '시장 선점'이다. 먼저 나섰다가 총알받이가 될 수도 있다는 생각? 거기까지 굴릴 머리가 있으면 이러지도 않는다.

실적, 매출에 스트레스받다 보면 이렇게 된다. 실적 때문에 답답한 마음은 100% 넘어 200% 격하게 이해되고 공감한다. 하지만, 한 번에 해결되는 것은 아무것도 없다. 절대 잊어선 안 된다. 가끔 어찌어찌 한 번은 해결될 수 있지만 무엇이든 한 방에 끝내려 들면 결국 시장 확대는 하지 못한다. 최악의 경우엔 본인과 회사가 한 방에 훅 간다.

드라마 〈상도〉에서 임상옥은 유기를 의원에게 배앓이 환약으로 바꿔 한 번에 모두 털었다. 왜 그랬냐하니 "은율과 재령은 도요지가 있어 사기 그릇을 씁니다"라 했다. 그러자 본전 서기 정치수는 "환약이 아니라 유기를 팔았으면 사람들이 유기의 가치를 알게 돼 더 많이 쓸 수 있다"라고 마케팅의 다른 측면을 제시한다. 이후 정치수는 임상옥이 의원 한 명에게만 유기 교환한 것을 일반인들로 넓혔고, 그들과 가진 솜과 바꿨다. 이렇게 일반인들과 바꾼 묵은 솜은 평양에서 팔아 큰 이익을 남겼다. 더 많은 일반인에게 유기 쓰게 만들어 고객층 넓히고 시장 확대한 것은 더 큰 이익이자 덤이다.

다시 앵무새처럼 말한다. 한 방은 절대 없다. 무엇이든 순리대로 가야 한다. 무지한 업주는 이 말을 '천천히 가라'로 읽을 것이다. 절대 아니다. 여차하면 뛰고, 필요하면 신발 젖더라도 냇가로 첨벙첨벙 뛰어드는 순발력과 결단도 발휘해야 한다.

고객사의 제품·서비스를 기자들에게 설명할 때는 나도 곤혹스러울 경우가 많은 것이 솔직한 사실이자 심정이다. 먼저, 나도 내 나름의 소비기준이 있고 기자들도 자기의 기준 있다. 기자들은 '좋다고'만 해서 절대 기사 쓰지 않는다. 제품·서비스와 관련된 시장 반응과 소비자의 이익까지 판단해 기사 쓴다. 나는 기자들에게 고객 서비스나 제품 설명할 땐 최대한 객관적으로 말한다. '이런 서비스는 이런 사람들에게, 이 제품은 이런 사람들에게 도움 될 것이다. 내가 써 보니 나 같은 소비 성향은 맞지 않지만, 반대인 사람에게는 참 좋을 것 같더라. 실험(?)해 보니 진짜 그렇더라'와 같은 식으로 설명하면 객관성이 유지된다. 그러면 기자들은 같은 기사를 쓰더라도 내 고객사의 제품·서비스를 더욱 믿을 만한 것으로 다뤄 준다.

그런데, 한 방만 노리는 업주들은 그런 거 없다. '다짜고짜'다. 힘들게 인터뷰 만들어 주고, 없던 내용에도 머리 쥐어짜 내 보도자료를 만들어 고객을 몰아 줘도 소용없다. 뉴스 편집권이 없는 내게 '포털에 더 굵은 글씨로 검색 상위에 올려라', '지난달보다 고객을 2배 이상 접속하게 만들어라'란 말도 안 되는 요구를 하는 업주도 있었다. 라면 끓일 때 수프가 먼저일까, 면이 먼저일까? 답은 물부터 끓여야 한다. 물도 안 올렸는데 라면 대령하라는 식이다. 이런 억지가 계속되면 생라면이나 뿌셔 먹으라는 심정으로 냉정하게 털어 버린다.

제발 부탁인데 뭐든 단숨에 해결하려 들지 마시라. 제품·서비스가 나올 때 걸린 시간과 과정처럼 고객 및 소비자에게 다가서는 것도 과정과 시간이 들어간다. 고객이 선택하고 소비자가 지갑을 열게 만들려면 루돌프 줄리아니 전 뉴욕시장처럼 그라피티와 낙서를 잘 구분해 정화하는 것 같은 지혜를 발휘해야 한다. 한 방, 한 번에 끝내는 건 테러리스트밖에 없다. 하지만 행위와 과정이 정당한가? 그리고 잊지 말자.

한 번, 한 방에 해결하는 테러리스트는 범죄자들이다.

대표들께 고함

간혹 '충격 요법'이 마케팅 기법으로 사용되기는 한다. 눈길 끄는 것은 할 수 있다. 하지만 이건 파장을 견딜 수 있는 체급과 규모가 있는 곳만 해야 된다. 국제 의류 브랜드인 이탈리아 회사 '베네통'이 대표적. 천사와 악마를 비롯한 금기를 건드린 파격 광고로 주목 끌었다. 회장이 누드로 지면 광고에 나선 적도 있다. 이런 것은 베네통 정도 되는 체급과 규모를 가진 기업이기에 가능한 것이다. 한 번 더 들여다 봐야 할 부분도 있다. '이탈리아'라는 나라다. 정서는 표현과 예술의 자유가 보장되는 곳이다. 그래도 욕 제대로 들어 먹었다. 또 이 광고들은 '영업', '마케팅'의 목적이 아닌, 인지도를 끌기 위해 '작정하고' 한 브랜드 광고다. 지금 제품과 서비스를 어필 해야 하는 '영업' 광고를 우리나라에서 이렇게 하면 어떨까? 수많은 시민·사회단체 와 국회가 기다렸다는 듯 난리친다. 이러면 나처럼 악착같은 홍보쟁이들도 여론 순화 대응과 해명 작업은 포기한다. 어차피 해 봐야 지는 거 굳이 깨질 이유 없어서다.

사족 덧붙이면, 영업과 마케팅을 목적으로 제대로 파격적인 광고를 한 기업 도 있다. 내가 제일 좋아하는 '버진 애틀랜틱 그룹' CEO 리처드 브랜슨이 그 주인 공이다. 리처드 브랜슨은 괴짜 중 상위 1~2위다. 콜라 출시 땐 '콜라의 고향 미국을 점령하겠다'는 의미로 탱크 타고 뉴욕을 돌아다녔다. 휴대폰을 출시했을 땐 본 인이 '팬티 바람'으로 휴대전화 모형에 매달려 공중에서 내려왔다. 내기에 져 다리 털 밀고 여장으로 항공기에 탑승한 적도 있다. 리처드 브랜슨 콘셉트는 '괴짜', '즐 거움'이다. 여기서 놓치지 말아야 할 것은 리처드 브랜슨의 회사, 버진 애틀랜틱 그 룹의 규모다. 얼마나 돈 많은지 검색해 보시라. 한 방에 끝내겠다고? 자신 있으면 우리나라서 '빤스 바람'으로 광고해 보시라. '미친놈' 소리 듣는 나도 못한다.

전문가의 조언 흘리지 마라

1998년 10월 1일, 대한민국 육군 소위 정훈공보(현재는 '공보정훈' 이다.) 장교로 임관, 전역 후 백수로 지낸 1년 빼고 2023년까지 24년 차 '홍보쟁이'로 살고 있다. 시간이 이렇게 쌓이니 '전문가' 대접받는 다. 가끔 강의란 걸 나갈 때도 있고, 수소문해 나를 찾는 분들도 있 다. SNS에서도 이것저것 질문 받을 때 있다. 마음은 아직 피 끓던 청 년 장교인데 '내가 어느새…' 생각든다. 이러면 꼰대다. '나는 가수다' X, '나는 꼰대다' O.

어느 날, 친한 누군가가 자기 딸이 카페 창업하는데 전문가의 자 문을 구하고 싶다며 연락했다. 얘기 듣고 아이디어와 유의사항, 여기 에 안 되는 경우를 설명했다. 돌아오는 답은 예상대로였다.

"그건 네가 몰라서 그런 거다."

그럼 나한테 왜 물어봐?

내가 사람들 얘기 들어 주는 건 그 사람의 전문 영역을 인정하고 대접한다는 의미인데 그걸 모른다. 추석 명절 쯤이면 충남 논산에 있는 선산에 벌초하러 집안 같은 항렬 동생들 집합한다. 이런저런 얘기 하다 보면 동생 이것들이 감히 위대한 집안 장손이시자 술값 내는 물주인 내게 '훈계질' 할 때도 있다. '그건 형이 몰라서 그런 거'라나? 그 분야에서 일한 동생들 얘기는 그런가 보다 하고 들어주면 지들이 잘난 줄 안다. 어릴 때 하던 레슬링마냥 꿀밤 한 번 쥐어박고 싶지만, 벌초 오는 게 어딘가 싶어 그냥 웃어넘긴다. 저녁엔 입 닫고 말술인 동생들과 제수씨들의 술값 계산한다.

나뿐만 아니라 주변에서 흔히 일어나는 일이다. 각종 학연, 지연, 혈연, 흡연吸緣, 주연酒緣 등 수많은 인간관계에 적용된다. 조언을 구하겠다 말 꺼내 놓고는 결국 '그건 네가 몰라서 그런 거다'라는 말을 반복한다. 이럴 땐 충무공께서 『난중일기』에 자주 쓰신 '우스울 뿐이다'라는 표현이 딱이다.

이건 회사도 마찬가지다. 내 전문 분야인 홍보를 예로 들겠다. 사장들이 경력 홍보담당자 뽑은 건 회사에 홍보 '전문가'를 들인 것이다. 창업주나 대표가 홍보담당자 경력 있으면 모를까, 제대로 된 PR은 조금도 한 적 없다. 아무리 잘 봐줘도 기자들과 인터뷰 두세 차례다. 근데 이런 경험으로 '나는 기자들 잘 압네'라며 '깝죽'이 태반이다. 맡기지 않을 거면, 홍보담당자는 왜 채용했나? 뭐 스트레스 받을 때 풀려고 채용했나? 이게 사실이면 당신은 변태다.

다시 말하지만 2023년 기준 24년차 홍보쟁이다.
그동안 얼마나 많이 봤겠는가?

본론으로 돌아와, 무식한 사장들은 회사에 경력직 홍보담당자를 채용하고도 안 믿고, 말도 거의 안 듣는다. 이러며 억지 부린다. 자기가 편애하는 다른 직원들 얘기만 듣고 그 내용을 기사화시키라고 난리다. 사장의 지시라 겨우겨우 말도 안 되는 것을 보도자료로 만들어 겨우 기사가 출고됐다.(참고로 보도자료와 기사는 천지차이다. 홍보담당자에게 헛소리라도 "기사 써라"고 말하지 마라. 기자들에게 제공하는 건 '보도자료'고, 이는 기사 쓸 때 참고하는 '자료'다. 밀가루는 빵이 아니다. 기사는 기자가 써야 기사다. "우리가 보낸 기사 왜 안 썼냐?"라고 하는 것은 스스로 무지렁이라고 밝히는 셈이다.) 그러면 왜 자신의 요구대로 안 됐냐며 뭐라고 압박하는 업주들 많다. 대한민국 언론을 당 기관지 '로동신문'으로 착각 중이다. 이처럼 회사 홍보의 권위자이자 전문가에게 억지만 부리니, 과연 홍보가 잘될까?

무식은 때와 장소를 가리지 않는다. 2014년 페이스북으로 알게 돼 계약한 어떤 쇼핑몰 업주는 자기네 서비스를 잘 모른다며 자기 회사 회식 때 날 가르치는 경우도 있었다.

좋은 관계인 고객사의 내부에도 무식한 사람들 있다. 어느 고객사에선 대표 대신 전화해 이래라저래라 훈계하는 직원도 있었다. 나는 그리 좋은 성격이 아니기 때문에, 딱 네 번까지만 참는다. 수많은 의견이 있고 다른 생각도 존재한다는 것은 인정한다. 하지만 최적 방안을 제시하는 사람에게 때마다 어깃장, 딴지 걸면 어쩌라고? 전문가로 인정했으면 최적 선택을 고민해야지 업무에 사사건건 간섭, 개입하면 어떻게 하라고? 내시가 주상 전하 합방 방중술 가르치는 거 봤나?

우스울 뿐이다.

여기에 더해, 처음부터 전문가를 참여시켜 정보를 공유해야 하는데 그렇지 않다. 선수들에게 해결해 달라고 나타날 때, 대부분은 이미 상할 대로 상해서 나타난다. 병 걸리면 병원에 가면 되는데, 혼자 인터넷에서 말도 안 되는 글을 보고 따라 하다 병 키우는 꼴이다. 이 경우는 그나마 낫다. 1960년대 시골 촌구석을 돌아다니며 의사 행세하던 돌팔이나 약장수들 같은 사기꾼 만난 뒤 찾아오면 전문가들은 대부분 미친다. '사짜'들의 유려한 언변과 보고서에서 주워들은 것을 바탕으로 어설프게 평가하고 판단한다. 또, 동냥은 못할 망정 쪽박 깨는 억지도 서슴치 않는다. 전문가가 거지도 아닌데, 생색에 뭐에… 고객사 위해선 '악마한테 영혼도 판다'지만, 계속되면? 털고 돌아선다.

내 분야를 사례로 들었지만, 전문 분야에서 한가락 한다는 전문가들은 수많은 회사·기업·조직을 경험하며 각자의 전문 분야에서 먹고사는 사람들이다. 또, 어느 분야건 최소 15년 이상 그 일을 하고 있다면 실패보다 성공 사례가 더 많다는 것을 은연중에 증명하는 것이다. 이 사람들 무섭다. 겉으로는 웃지만 날카로운 필살기 하나씩 있다. 속칭 '한칼 하는' 사람들이다.

전문가들은 자신의 영역에서 당신의 회사가 잘되게 최적안을 제시하고 문제를 보완해 주는 사람들이다. 또, 자기 분야의 선수들과 경쟁하며 실력을 쌓고 일하며 언제나 긴장 유지하는 사람들이다. 그들의 제안이나 조언·충고를 그냥 흘리거나 받아들이지 않으면 어떨까? 사기꾼과 헷갈릴 수 있다. 하지만 사기꾼들은 딱 한 달만 일 시켜 보면 밑천이 드러난다. 말과 제안서만 화려하다. 누굴 속이려는 것들이 원래 말만 잘한다. 전문가들? 상황에 맞는 단어와 문장, 어휘력을 구사한다.

"선수는 선수가 상대한다."
"선수들 말 믿으시라."

내가 잘하는 말들이다. 나 역시 다른 일을 맡길 때면 해당자의 의견을 95% 따른다. 나머지 5%는? 궁금한 것 물어보며 서로 건강한 '긴장 상태' 유지에 쓴다. 예를 들어, 세무법인을 PR한 홍보담당자들은 세무사만큼의 지식을 가지게 된다. 그래도 실무는 세무사를 따라갈 수 없다. 2019년 종합소득세 납부 때, 세금 폭탄 받을 뻔했다. 세무법인에 해결책을 질문하자 세 가지 해법을 제시했다. 그대로 해서 절세 성공. 그날 집에서 만세 부르고 '쑈' 했다.

전문가들에게 특정한 사안을 두고 해결책 달라고 해 보시라. '딱 하나'만 가져오면 하수 중의 하수다. 국가대표급 전문가들은 '가, 나, 다' 최소한 세 개 정도를 제시하고 각 방법의 장단점을 말한다. 그 후 '최적안은 어느 것이다'라는 설명도 덧붙인다.

여기서 끝이 아니다. 최악에 대비한 계획과 대책, 다른 분야와의 협조와 상관관계까지 연결하는 치밀함도 있다. 전문가들은 초특급 골키퍼와 스트라이커, 미드필더 역할까지 다 가능한 멀티플레이어다. 전문가라는 사람들이 자기 분야를 잘하는 건 당연하다. 성공해야만 '밥줄'이 보장돼서다. 여기에 가족, 자식(난 해당 사항 없어 매우 다행… 아, 맞다. 고양이!)들의 밥줄까지 걸려 있다. 자기 밥줄에 위험한 짓 하는, 간이 배 밖으로 나온 인간들이 몇이나 있을까? 영국 축구팀 맨체스터 시티 인수 때 "부자가 뭔지 보여 주겠다"라고 말한 만수르 자식 아니고서야 절대 그러지 못한다. 자신이 전문가라고 말하면서 터무니없는 방안 찾아오는 건 딱 둘 중 하나다. 제대로 미쳤든가, 간첩이다.

또, 똥파리 같은 사기꾼도 잘 쫓아낸다. 2017년, 지방서 양꼬치집을 하던 동생이 연락했다. 서울 봉천동에 있다는 컨설팅, 마케팅 전문 회사가 제안했다는 것이다. 한 달에 20만 원만 주면 1년 뒤 매출을 두 배로 늘릴 수 있다는 '말도 안 되는 말'로 동생을 꼬신 것이다. 연락이 오면 넘기라고 했고, 다음 날 연락이 왔다. "저희는 최적 기법으로 어쩌고" 하는 말을 끊고 시작했다.

"당신들 고객 중에 온라인 쇼핑몰 있다고 했죠? 나 M사 홍보팀장 했소. 아까 A 쇼핑몰도 고객이라고 하던데 거기 대표한테 물어볼게요. 그리고 한 달에 20만 원이라고? 거 신박한 아이템이네. 이따 서울대입구역에서 기자 미팅 있는데 끝나고 들릴게. 나 뭐하냐고? 나 홍보대행사 하는 사람이요. 하나만 물어봅시다. 당신들 회사 매출이 얼마요? 영업 비밀? 잡코리아에서 채용 정보만 봐도 나오는데 왜 못 알려 줘? 어쨌든 그런 기막힌 방안 있으면 당신들 회사부터 매출 두 배 올려 봐요. 그럼 내 고객사 몰아준다."

이후 연락 없었고, 홈페이지도 '삭튀'였다. 이런 사람들이 주로 쓰는 방식은 블로그 운영을 잘하는 사람한테 '한 달에 얼마 줄 테니 글 좀 올려 줘'다. 내 개인 블로그에도 이런 똥파리들 많이 붙는다. 친절히 직업 알려 주며 기자들에게 제보하겠다 하면 사라진다.

전문가들은 칼이다.

생선회 뜨는 칼과 소·돼지고기 발골용 칼은 다르다. 수많은 칼이 있다. 전문가들은 그냥 칼이 아니라 용도, 분야, 상황에 따른 칼들이다. 변하는 상황에 대처하려고 언제나 시퍼렇게 날 세우고 대비하는 섬뜩한 사람들이다. 진짜 무서운 사람들도 있다. '뜨거운 피'의 소유자들이다. 나도 가끔 조우하는데, 섬뜩한 느낌 들 때도 있다. 이 사람들을 용도에 맞게 제대로 쓰면 당신을 실력 있는 셰프로 돋보이게 해 줄 것이다. 하지만 우습게 여기고 대충 쓰면 손 벤다. 칼이 잘못한 걸까, 칼 쓰는 사람이 잘못한 걸까? 전문가들의 조언과 충고를 그냥 흘리는 게 조선시대 연산군 같은 무식한 사장들 특징이다.

잔소리 듣기 싫으면 당신 혼자 맨땅에 헤딩하듯 무소의 뿔처럼 혼자서 가야 된다. 그런데, 바쁜 사람 불러다 놓고 쓸데없는 짓과 잔소리에 수고를 아끼지 않는다. 또, 전문가의 자존심 건드는 위험한 발언이나 행동뿐 아니라 몸값 깎으려 드는 일제강점기 만주 관동군 같은 만행도 서슴지 않는다. 그러면 딱 거기서 아웃이다.

전문가들은 자기 분야에 속칭 '그들만의 리그'인 모임이 있다. 그곳엔 실력이 검증된 선수들만 나타난다. 당신은 상상치 못하는 프리미어리그이자 메이저리그다. 강호의 고수가 득시글거린다. 나도 경력 10년 넘어서면서 강호에 고수가 많다는 걸 겪어 언제나 모임에 나가면 조심하고 몸 사린다. 선수들은 자기가 맡았던 프로젝트나 기업, 회사, 조직의 나쁜 점은 절대 말하지 않는다. 정보 유출은 스스로 밥그릇을 놓는 행위란 걸 알기 때문이다. 만약 떠벌리고 다니는 사람을 발견하면 즉시 날려(?) 버리는 정화 작용도 모임에선 이뤄진다.

그런데, 여기서 악평 나오는 기업은 어떤 곳일까? 방귀와 마찬가지다.

참다 참다 참다 참다 참다 '삐익'하고 나올 때의 위력, 그보다 더 무섭다.

'평판이 곧 실적이다'에서 언급한 진화 안 된 크로마뇽인 같은 놈. 홍보팀장에겐 말도 없이 매일경제 인터넷 사업국과 제휴를 진행했다. 그 회사 다닐 때 '어이'는 '상실의 시대'였다.

어느 날 사장의 동생인 이사와 같이 매일경제 국장과 점심 약속 잡았다며 끌고 갔다. 솔직히 '홍보쟁이'인 책임감과 직업적인 소명의식 없었으면 안 갔다. 어쩔 수 없이 동석. 충무로 매일경제 사옥의 맨 위층 식당에서 만났다. 약 40분 정도가 지나자 이사가 대형 사고를 쳤다. 경제신문인 매일경제 국장에게 뭐 하나 물어보자며 운 떼더니… "한국경제가 한국일보 겁니까?" 이 글 읽을 홍보담당자나 언론인들은 이게 무슨 대형 사고인지 알 거다. 그걸 홍보팀장한테 물어보면 되지 이건 무슨… 언론인의 바로 앞에 회사 홍보팀장 있는 데서. 곧바로 "제가 부덕해서 보필 못한 죄입니다. 죄송합니다. 죄송합니다"하며 연거푸 굽신거렸다. 질문자는 뭘 잘못했는지도 모르는 천진난만한 표정. 하나의 예다. 이것도 몇몇만 알고 처음 공개하는 것이다. '그들만의 리그'에서 이 얘기를 아는 고수들에게 그 회사의 평판은 앞으로도 꽝이다.

부탁이다. 전문가를 믿고 맡기시라. 전문가들은 싸움에 이겨야 존재 가치가 있는 용병이다. 교황청의 스위스 용병, 네팔의 구르카 용병처럼 신이 주신 신성한 전쟁터인 '직장'에서 나는 죽어도 그곳에서 무조건 이겨야 의무로 사는 사람들이다. 그래야 존재가치를 입증 받는다. 이기기 위해 머리를 쥐어짜 최적안 끄집어내고 제시한다. 그들의 충고, 조언, 충언 그냥 흘리지 마시라. 매출과 실적을 더 올리고 경쟁사보다 더 많은 것을 차지할 수 있는 금쪽보다 더한 것들이다. 고개 숙이고, 엎드려 다시 부탁한다. 전문가의 말, 제발 받아들이시라. 못 받아들이더라도 최소한 그냥 흘리지는 말기를 당부드린다.

의학홍보대행사에 있을 때 알게 된 한의원장님 계신다. 이분은 '명환자론' 제시하셨다. 맞는 말씀이다.

'명의는 명환자가 만든다.'

대표들께 고함

대표라는 자리와 직함 있는 사람들은 최소 '책임감 있게 일하는 사람' 보는 눈썰미가 있다. 없으면 수단과 방법을 가리지 않고 장착해야 한다.

사기꾼을 가려내려면 절대 성공할 수 없는 일을 하나 맡겨 보시라. 전문가나 선수들은 정답 아닌 최적 방안을 최소한 서너개 찾아내고 당신이 선택하게끔 해 준다. 사기꾼들은 말만 유창하고 보고서만 화려하다. 선수들은 100% 장담하지 않는다. 하지만 사기꾼들은 100% 된다 호언장담한다. 나라 말아먹은 간신들이 화려한 언변으로 아첨만 일삼았던 것 상기하시라. 사기꾼들은 책임감이 없다. 그저 돈이나 더 받아 내려고 이상한 방법만 말한다. 여기에 자기 인맥만 줄창 자랑한다. 전문가인 선수들은 이상한 방법을 만들지도 않을뿐더러, 인맥을 자랑하지도, 말 하지도 않는다. 고스톱 치는데 자기 패를 다 보이지 않듯, 딱 필요한 때만 적절한 인맥을 꺼내 상황을 해결한다.

원래 불량식품에 더 끌리는 것이 사실이다. 그렇다고 달달한 불량식품 같은 사기꾼들의 말에 홀리지 마시라. 전문가들의 충고, 조언만 잘 들어도 경쟁사보다 한 걸음 더 빨리, 안정적으로 갈 수 있다.

마케팅은 전쟁이다

마케팅 교범으로 불리는《마케팅 전쟁Marketing Warfare》저자인 알 리스Al Ries와 잭 트라우트Jack Trout는 "마케팅은 전쟁이며, 경쟁 사는 적이고, 소비자는 싸워서 점령해야 할 고지"라고 말한다. 매우 적절한 말이다. 20년 넘게 홍보쟁이로 밥 벌어 먹고살며 기업 PR 현 장서 뛴 나는 다음과 같은 표현을 한다.

마케팅은 전쟁이다. 남을 죽여야 내가 사는 야만적인 행위만 없을 뿐.
전쟁서는 '기준'있어도 잘 지켜지지 않는다.
하지만 마케팅서는 '기준'지키지 않으면 당신은 범법자다.

사람을 죽이는 야만적인 살육이 반복되는 전쟁. 그중 가장 야만적 인 무기가 쓰인 전쟁은 1차 대전이다. 만약 독일을 비롯한 전범국들 이 승리했다면 세균, 가스와 비윤리적 대량 살상무기도 용인됐었을 것이다. 상상조차 싫다.

마케팅 전쟁판은 '도덕', '법률'이란 기준을 지키지 않으면 이겨도 전범이다. 더 싼 상품과 생산단가를 줄이겠다고 착취와 각종 범법 행위를 저지르고 경쟁사의 가짜뉴스를 퍼뜨리면 범법자다. 2022년 최고의 드라마로 꼽히는 〈이상한 변호사 우영우〉에 나온 고기국수 에피소드를 떠올려 보자. 옆집 가게 레시피를 훔치고, 직원 빼 가고, 상표 표절까지…. '행운국수' 업주는 몰랐다 할 수도 있지만 범법 행위다. 특히, '무조건 이기자'고 설치는 양심에 털 난 업주들은 직원들과 조직원까지 범법자로 만들 수 있다. 대표들은 이를 언제나 유념해야 한다.

전쟁판 같은 마케팅서 대표가 저지르지 말아야 할 가장 큰 실수를 꼽으라면 난 '참견'과 '거짓'을 말한다. 2차 대전이 이를 증명한다. 전범국인 나치 독일. 화가 지망생이었다가 소총수로 1차 대전을 경험한 히틀러는 소련 침공 후 직접 군을 지휘하는 실수를 하게 된다. 히틀러가 제갈공명급 지략 가지고 있다면 모를까 정치 선전과 연설만 잘하던 인류 최대의 전범이 과연? 히틀러의 만용이 2차 대전을 하루라도 빨리 종결시킬 수 있었던 최선책 된 셈이다. 만약 독일 최고의 장군이라 평가받던 만슈타인이나 구데리안이 등판했다면?(승전국들은 전후 독일 최대의 전략가 만슈타인과 전격전을 구체화하고 실행했던 구데리안에게 전술을 배워 갈 정도였다.)

나치 독일에서 '참견'이 화가 됐다면 우리의 불구대천 원수이자 전범국 일본은 '거짓'이 패망 요인 중 하나였다. 속칭 '정신 승리'다. 미드웨이 전투 뒤부터 일본은 열심히 깨졌다. 하지만 사방에 거짓말만 했다. 대표적 예가 대만 해전. 전투에서 졌는데도 '미 함대 격멸'이라 거짓 선전을 했다. 이 소식을 접한 당시 미 3함대 사령관 윌리엄 홀시 제독은 "제3함대의 침몰 및 손상된 함들은 현재 해저에서 인양했고, 적을 향해 급속 퇴각 중"이라는 재치 넘치는 전문을 사령관 니미츠에게 보냈다.

전쟁서 지휘관의 가장 큰 역할은 제대로 된 작전 수립이다. 시시각각 변하는 상황을 정확히 파악해 적시 적소에 지원해야 한다. 또, 거짓으로 실수를 가리면 안 된다. 이것이 마케팅의 지휘관인 대표들에게 가장 필요한 덕목이다.

마케팅을 진행할 때 수많은 것을 챙겨야 하지만, 중요한 것은 '정보情報'다. 그중 제일 필요한 것은 경쟁사 정보다. 범법 행위를 저지르지 않고 정보 얻을 수 있는 가장 손쉬운 내 노하우는 '술집'이다. 이건 1차 대전 때 영국군의 정보 수집법인 '화장실 털기'를 응용한 것이다. 영국군은 독일군 정보를 얻으려 화장실서 그 용도(?) 종이를 몽땅 털어와 붙이고 확인하며 분석했다. 난 격무와 스트레스에 시달리는 불쌍한 경쟁사 직원들의 감정 해우소를 찾았다. 뭐… 영국군처럼 특별히 작정하고 턴 것도 없었다. 술집 간 김에 나도 한잔했다.

정보를 얻으려면 아무 술집이나 가면 안 된다. 어느 술집? 경쟁사 직원들이 많이 가는 단골집과 그 회사 근처의 맛집이다. 정보를 더 얻으려면 2차 많이 가는 곳이 제격이다. 2차 시작하면 힘 풀린 괄약근서 가스 방출되듯 이런저런 얘기가 술술 나온다. 무방비로 나오는 말 중에 핵심 정보가 섞여 있다. 핵심이 아니어도 좋다. 회사 뒷담화부터 시작해 최근 일어나는 일, 누가 승진할 것 같다는 하마평까지 별의별 얘기 다 있다. 그것도 알짜다. 시장 선점의 대응책부터 그 회사 분위기 흐리는 원인까지… 매우 고마운 정보들이다.

자주 가는 술집을 찾는 방법은 경쟁사 직원들 SNS다.

SNS 공간에서 경쟁사 및 우리 직원들은 '플렉스' 외치며 해시태그에 난리다. 이것만 잘 모으면 가장 많이 찾는 '교집합' 가게 찾을 수 있다. 이때 대표나 임원들처럼 얼굴 알려진 사람이 가면 절대 안 된다. 덜 알려진 인물을 투입해야 한다. 나라면 관리, 인사 같은 비 매출 부서를 추천한다. 일단 무슨 말인지 모르기 때문에 많이 적어(?) 온다. 경쟁사 분위기가 어떤지 파악할 수 있고, 나중에 스카우트할 대상도 가려낼 수 있다. 영업이나 비슷한 분야의 직원 투입은 '합석'이란 황당한 사태도 벌어질 수 있어 빼는 게 좋다.

실제로 난 이 짓 많이 했다. 그래서 경쟁사를 흔드는 보도자료 많이 쓸 수 있었다. 이렇게 얻은 첩보는 이사와 사장에게 보고했다. 물론 "무슨 헛소리냐"며 사장은 언제나 무시. 그런데 얼마 지나지 않아 사실로 드러나기 시작하면 그제야 허둥지둥이었다. 뭐 어쩌겠는가? 위대한 분께 믿음을 드리지 못한 내 죄지. 이렇게 술집으로 정보를 얻으러 다니다 신분 노출됐다. 그러면 PR 업계 선후배 모임으로 공식(?)을 달리했다. 대기업, 중견기업, 홍보대행사 등 업계 모임을 하면 보통 '그러려니' 하고 만다. 또, 기세등등한 국가대표급 업계 선후배들과 같이 있으니 상대를 기죽게 만드는 무력시위 효과도 있었다.

반대로 역정보를 흘리는 만행도 서슴지 않았다. 나보다 경쟁사 더 쳐주는 기자는 있다. 이건 발버둥 쳐도 어쩔 수 없다. 특별한 인연이 있든, 아니면 경쟁사 두목(?)이 잘해 주든, 협찬을 잘하든 수많은 요인 있다. 경쟁사에 혼란이 필요하다는 구원 요청이 생기면 경쟁사를 더 쳐주는 기자에게 확인된 정보와 사실을 제공했다. 단, 그걸 듣고 더 겁먹게 묵직한 한 방 있는 것으로. 여기에 더해, 그쪽서 어떻게 반응하는지 보기 위해 정보를 흘린 적도 있다. 2차 대전 미드웨이 해전 직전, 미군은 미드웨이의 담수화 시설이 고장 났다며 거짓 무전을 날렸다. 일본은 이에 낚였다. 이렇게 한 적도 있다.

내가 이렇게 나쁜 놈이다. 나는 이렇다. 영국 드라마 〈셜록〉 시즌2 마지막 회에서 셜록과 모리아티는 설전을 벌인다. 모리아티가 "너는 천사 편이야. 그래서 너무 심심해"라고 하자, 셜록은 "내가 천사들 편이라고 해서 그들처럼 착하다 생각하지 마라"고 말한다. 윈스턴 처칠

일대기를 다룬 책《인생, 전쟁처럼 : 패배를 굴복시킨 처칠의 오만한 비전》의 제목대로, 나는 일할 때는 전쟁처럼 산다. 그리고 그 전쟁에서 셜록의 대사 같은 마음 품는다. 피아 식별이 어려운 전쟁터. 그럼 내 판단은 아주 간단하다.

'내 편 건들면 죽는다.'

내 정보 습득 방법이 치사하다고 할 사람도 있을 것이다. 내 정보 수집 방식이 도덕적, 윤리적, 합법적, 사회적, 문화적 기준에 어긋나나? 가짜뉴스 살포하지 않았다. 진짜 치사한 것은 자기 자신을 돌아보기는커녕, 근거 없는 소문을 퍼뜨리며 남 깎아내리는 사람들이다.

4장

돈 벌 궁리,
하루도 거르지 마라

'무언가를 궁리 중.'

내 SNS 소개에 쓴 문구다.

기업의 가장 중요한 덕목은 '이윤 창출'이다. 대표는 언제나 돈 벌 궁리해야 한다. 마케팅? 브랜딩? 조직 운영? 결국 중요한 사실은 돈 벌 궁리 계속하고 매출 만들어야 이런 행위를 할 수 있다는 것이다.

강원국 작가(전 청와대 연설 비서관)는 〈어쩌다 어른〉 프로그램에서 이런 말 했다.

'내 글을 쓰려면 내 어록이 있어야 한다.'

내 글을 쓰려면 내 어록이 있어야 하듯, 대표들이 이윤을 창출하려면 언제나 돈 벌 궁리를 해야 된다.

당신 바로 옆에
답 있다

글 쓰는 사람들에게 '백지 공포'라는 말이 있다. 무언가를 써 내려가야 하는데 처음 만나는 건 하얀색. 모니터든 종이든 전부 '흰색'이다. 돈을 벌어야 하는 대표에겐 백지 공포는 깜도 아니다. 하루하루가 공포의 연속. 수익 창출 위한 '해답'과 '방법'도 중요하지만 '어디서', '어떻게' 찾아야 할지를 몰라서다. 이게 난관이다. 창업했을 때, 분명히 목표가 있었다. 단기 성과와 중장기 진행 계획도 마련했다. 그런데, 생각했던 시간이 지나도 본인의 뜻대로 결과가 나오지 않으면 대표들은 우왕좌왕한다. 심할 때는 공황장애 겪는 사람도 있다. 특히, 실적과 매출이 필요한 상황(투자 유치가 가까이 왔든지, 직원 월급, 대출 변통, 거래처 결제 등)이면 더 다급해진다. 급할 땐 돌아 가랬다고 이럴 땐 너무 멀리 보지 마시라. 가까이에서 찾아야 한다.

주변에 답 널리고 널렸다.

뜬구름 잡는 소리 하나만 할까? 학교 다닐 때 공부 좀 했다는 친구를 떠올려 보자. 주변 정리를 잘하는 습관 있다. 하나 끝내고 정리하고, 다른 거 끝내고 또 정리한다. 이러니 다음에 어떤 시험을 준비할지 잘 안다. 또, 정리 잘하니 어수선한 심리도 덜하다. 공부 못하는 친구들? 주변이 어지럽고 산만하다. 시험 끝나면 공부 못하는 애들끼리 모여서 답 맞춘다. 가관이다. 나도 그중 하나였다.(국사, 역사 빼고. 내 시험지가 답안지였다.)

돈을 벌 궁리하며 주변을 잘 살피면 아이템은 널리고 널렸다.

아이스크림 가게 폐업 후, 투자 회사 대표와 이런저런 얘기를 했다. 아이스크림 가게 실패를 얘기하며 '일수'도 말했다. 투자사 대표는 일수를 쓸 일 없으니 궁금해했다. 자세히 설명했다. 돈 들어오는 방식이나, 가끔 몸을 도화지로 착각한 형님들이 수금하러 오는 일 등…. 한 달 뒤 투자 회사 대표는 P2P 서비스를 시작했다. 내용 설명 듣고는 감탄했다. 사업하는 사람 중에 신용도가 좋은 사람은 별로 없다. 그래서 대출은 막힌다. 처음 금융 P2P 서비스가 등장했을 때도 '신용도'를 근거로 했다. 나중에는 부동산 같은 '담보'의 형태로 변했다. 이 시류는 거의 변하지 않는다. 그런데, 투자 회사 대표는 P2P에 일수 개념을 넣어 새로운 서비스를 만들었다. 대출받는 회사 대표의 신용도보다 '매출'만 있으면 대출은 오케이. 제대로 매출이 생기고 통장에 꼬박꼬박 돈 들어오면 대출! 날인 끝낸 계약서도 대출의 근거가 됐다. 금리는 최대보다 조금 낮게 해 주니 급한 회사들이 찾을 수밖에 없었다. 이 설명을 들은 기자들도 무릎 탁 쳤다.

이처럼 주변을 잘 둘러보고 응용하면 돈이 들어오는 아이디어는 차고 넘친다. 태권도장 관장을 만났을 때다. 거기도 다른 곳과 마찬가지였다. 매출과 회원은 그대로지만 운영 비용은 상승 중이었다. 별 것 아니다 싶어 '아이들 등하교 안전 지킴이 서비스'를 아이디어로 줬다. 도장 차는 아침에 논다. 예능 프로그램 제목처럼 '놀면 뭐하니'다. 저학년 아이들 등하교 때 돈 받고 차량을 운행해 보라고 권유했다. 밤늦게 학원에 다녀오는 아이들을 대상으로는 '안심 귀가 서비스'로 다르게 콘셉트를 잡으라 했다. 학교 폭력서 아이들 지키는 의미는 꼭 포함해야 한다고 했다. 그래야 '돈도 벌면서 좋은 일'로 포장된다. 꿩 먹고 알 먹고다. 간이 배 밖으로 나오거나 제대로 미치지 않은 이상 태권도 사범에게 못 덤빈다. 어차피 노는 차를 돌리는 거고, 대중적으로 좋은 이미지 심어 놓으면 본업인 태권도 도장도 더 잘될 것이다.

'돈 벌 궁리' 한 발만 더 나아가 볼까? 본업은 아니지만, 야간에 귀가 서비스도 하면 역으로 다른 학원에서 차량 운행 제안이 들어올 수도 있다. 더 '오버'해 볼까? 이렇게 시작해 '내 구역' 야간 귀갓길 싹 쓸어 보시라. 분명 돈 된다.(물론 사업자 등록증에 '운수업'을 포함해야 한다.)

"아이디어 어떻게 생각했냐?"라 묻기에 '별생각 없었다'고 자수(?)했다. 내가 잘하는 쓸데없는 궁리의 결과물이다. 저녁 퇴근길에 아파트 단지 보면서 '애들 저녁 학원 끝나고…'라는 생각을 했다. 아침 출근할 때는 태권도장 앞에서 놀고 있는 차들 보고 '저걸로 돈 벌 수 없을까'란 생각을 했다. 이렇게 계속 궁리해 나온 것이다. '궁즉통窮則通'의 본뜻은 '궁색窮色하니(어려우니) 그걸 헤어나기 위해 좋은 계책이 나와 통한다'라는 의미지만 난 '무언가를 계속 궁리窮理하면 뭐든 통한다'란 의미로 쓴다.

　주변만 잘 챙겨도 통장에 돈이 쌓인다. 이러면 다음 일을 위한 여력이 생긴다. 대박만 노리고 대출로 버티며 체력을 떨어트리는 미련한 짓보다 훨씬 낫다. 이런 과정이 연속되면 작은 성공의 즐거움을 맛볼 수 있다. 또, 당신뿐 아니라 조직원들에게도 희망을 준다. 더 놀라운 사실은 '주변에 있는 답'은 무시무시한 위력을 발휘한다. 한 단계 업그레이드 된 돈벌이(?)를 위한 경력, 레퍼런스, 포트폴리오가 된다. 책《스틱》설명하며 '무릎을 탁 치게 하는 아이디어'를 얘기했었다. 이런 성공 사례를 얘기하면 상대도 무릎을 탁 칠 것이다. 그러면 당신에 대한 신뢰도가 높아지고 같이 하고 싶어 하는 생각이 들게 된다. 당장 월 300만 원 매출도 못 올리면서 '우리는 나중에 한 달 매출 3억 원 올릴 거다'라는 소리만 주구장창 늘어놓아 보시라. 실없는 사람 취급을 받는다.

　나 역시 새로운 고객사 영입 때는 주변에서 답 많이 찾는다. 고객사에 필요한 '주변의 답'을 챙기는 것이다. 소개든, SNS든, 내게 직접 연락이 오든 일단 만난다. 그 뒤 계약 얘기가 나오면 필요한 게 무엇인지 백지 상태로 맨땅에 헤딩해 본다. 왜? 돈 버는 것은 아는 사람 주머니만 터는 게 아니라 전혀 모르는 사람이 자발적으로 지갑 열어야 하기 때문이다. 이렇게 난 생각한다. '어떻게 하면 모르는 사람이 고객이 되고 결제할 수 있을까'를 고민한다. 그 후 해당 회사, 조직이 실행할 수 있는 아이디어를 전달한다. 또, 이것을 보도자료로 만들어 기자들이 기사 쓸 수 있게 PR 전략을 수립한다.

계약 후 본격적인 업무에 들어가면 '요람에서 무덤(?)까지'를 실행한다. 전반적인 아이디어를 만들어 제공한다. 예를 들어 어떠한 아이디어가 있으면 "이건 이런 성과와 단기 매출을 가져올 수 있다. 그러니 저쪽 가서 영업하시라. 난 이걸 보도자료로 만들어 돌리겠다. 기사가 출고되면 다른 곳을 찾아 기사를 보여 주고, 근거로 해 영업하시라. 그 뒤엔 이런 반응 나올 것이다. 그걸 또 보도자료로 돌려 당신과 계약한 곳이 다른 곳에 '우리 판단이 옳았네' 하는 근거 만들어 놓겠다"란 식이다. 보도자료도 목적에 따라 달리한다. 단순한 영업이면 필요한 사람들을 자극한다. 투자가 목적이면 그동안 이룬 실적과 향후 시장 규모, 여기서 고객사가 가져갈 예상 점유율 단계별로 예측해 만든다.

이게 내가 하는 '주변의 답' 방식이다.

응용해 보자. 당신이 지금 팔아야 할 제품이나 서비스. 그걸 어떻게 해야 할지 모르겠다고? 고객들이 필요로 하는 답을 구해 주면 끝이다. '그걸 누가 모르냐'라고 할 사람도 분명히 있다. 그건 당신이 풀어야할 문제다. 직접 해결할 수 없다면 전문가의 도움을 받으면 된다.

지금 뭔가 꽉 막혀서 답답한 마음을 가진 대표들 있다. 그럴 때는 머리 아프게 마케팅 방정식 만들지 말자. 당장 돈이 되는 것부터 주변에서 찾자. 반드시 나온다. 본인 사업 분야를 잘 뜯어보시라. 경쟁사가 놓치는 부분도 반드시 있다. '주변의 답' 중 경쟁이 치열한 분야는 손해를 보지 않겠다는 생각되면 들어가는 것도 나쁘지 않다. 어차피 경쟁이다. 경쟁사가 기본 실적을 내고 있다면 당신도 손해 입지 않는다.

우리나라 인터넷 쇼핑몰, 가장 많은 분야는 패션·의류다. 경쟁 치열하다. 다른 시각으로 보면 그만큼 시장도 크고 고정 매출을 기대할 수 있다는 반증이다. 여기에 하나만 더 입히면 된다. 고객 지원 아이디어 만들어 운영하면 쏠쏠한 재미를 볼 수 있다. 패션 쇼핑몰을 운영하는 사람에게 지역별로 세탁소를 섭외하라고 한 적 있다. 주문이 많은 지역 우선으로 세탁소를 섭외하고, 구입일로부터 최대 6개월 동안 무료 수선을 지원하라고 했다. 이러면 입소문 나는 것은 시간 문제다. 대신 가격은 딱 5%만 더 받으라 했다.

이렇게 대표들은 언제나 돈 벌 궁리하며 주변에서 '날 잡아 잡수'하는 답을 찾아야 한다. 주변에 기회가 없다고 할 사람도 있다. 그럼 사업하지 마시라. 아이디어로 똘똘 뭉쳐 시장 잡아먹는 대표들과의 경쟁을 버티지 못한다.

누군가 내 경쟁력이 무엇이냐고 물어본 적이 있다. 나는 이렇게 대답했다.

**"언제나 무언가를 궁리 중.
쓸데 없는 생각 많이 하며 열심히 잔머리 굴리는 것."**

대표들께 고함

현재 진행 중인 사업과 연관된 추가 매출은 반드시 챙겨야 하는 부분이다. 주변만 잘 챙기면 통장을 비만으로 만들 수 있다. 가장 큰 장점은 추가 매출로 재투자를 할 수 있는 체력 강화다. 인재를 더 많이 모을 수 있고, 주력 매출이 떨어져 생길 수 있는 타격도 줄일 수 있다. 또, 주력 사업과 연관성 있으니 더 많은 고객을 창출하고 시장도 선점할 수 있다.

예시를 알려 달라고 하면 나는 자동차 업계를 예로 설명한다. 완성차 업체는 고객의 AS 차원에서 차량 정비 서비스를 운영하는데, 한 지역에서 서비스를 잘해 준다고 소문 나면 차가 몰린다. 차만 파는 게 아니라 판 뒤에도 돈을 버는 셈이다. 이 같은 걸 응용하시라.

돈 된다.

사냥 못하면 길러라

　구석기와 신석기를 구분 짓는 기준은 '연장' 차이다. 그렇게 배웠고, 또 그렇게 답안지에 적었다. 쉬고 싶은 일요일, 아이들 숙제 때문에 박물관이나 도서관에 끌려가면 다시 생각날 것이다. 그냥 지나치지 말고 다른 시선을 키우는 훈련이란 생각으로 딱 10분만 머리를 써 보시라. 사업가, 대표에게는 남다른 시선과 정의가 필요하다. 센스 있고 사업 잘하는 대표, CEO들은 제목만 봐도 무슨 말을 꺼낼지 안다. 생각 없는 사장들은 정반대다. 입시 지옥에서 '통과'를 위한 정답만 찾아 달라고 학원 강사를 따라다니던 버릇 그대로다.

　자, 그럼 다른 기준은 뭘까? 크게 경제적인 관점에서 보면 '수렵', '채집'이 '농경', '목축' 경제로 넘어간 것이다. 즉, 먹고살기 위해 잡으러만 다니다 기르고 키우는 것으로 사람들 머리도 발전, 진화한 것이다.

사업도 마찬가지다. 돈 벌 궁리하며 고객들을 잡으러 다니는 행위. 이 원천은 변하지 않는다. 하지만 머리를 쓰는 대표들은 고객들을 잡으러 다니면서 불러 모으는 기지를 발휘한다. 여기서 끝이 아니다. 국가 대표급 초일류 CEO는 고객들 모은 뒤 속칭 '내 가두리 양식장'서 양육하며 미래의 먹거리까지 준비한다.

사장한테 인정받고 일에도 탄력받았을 때 한 쇼핑몰 대표(이하 A)를 만났다. 창업 교육 때 자주 나타나 예비 창업주들에게 강의하는 사람이었다. 당시 A 쇼핑몰의 주 고객층은 여자 중고생들이었다. 네 번 정도 만나 경영 방식과 마케팅 운용을 확인하며 '참신하다'고만 생각했었다. 그런데 이런! 강호엔 역시 고수가 많다. 이 사람도 그중하나였다.

2년 만에 연락해 보니 A는 다른 쇼핑몰을 준비 중이었다. 이번 쇼핑몰의 주 타깃은 여자 대학생. 나는 단순히 '여자 중고생들을 상대해 봤으니까'라고 생각했다. 근데, 전혀 아니었다. 첫 쇼핑몰 고객이던 중고생들이 성장하니 그들을 자기의 다른 쇼핑몰로 이동시키고 있었다. 나는 왜 이런 생각을 못 했을까? 혹시나 해서 또 물었다. 예상대로 한 3~4년 뒤에는 20대 여성 직장인을 노린 쇼핑몰을 시작할 것이라고 했다. EBS 〈극한 직업〉에서 자주 보는 가두리 양식장과 같은 방식으로 자신의 고객들을 몰고 다니고 있었다. '요람에서 무덤까지'라는 말은 복지 정책에만 쓰는 게 아니었다.

잘나갈 사람인지 아니면 조만간 나가떨어질 사람인지 수준 차는 쉽게 확인할 수 있다. 나가떨어질 업주들은 '장사 잘되네', '어떻게 저런 아이디어를…' 같은 감탄사만 내뱉거나 '저런 건 나도 할 수 있겠는데?'라는 식이다. 딱, 학교 다닐 때 엄빠(엄마아빠)가 시킨 대로 줄창 따라한 '통과', '입시'용 모범생들이다. 이런 사람들은 정해진 답만 찾고, 다른 건 보지 못 한다. 거친 초원과 들판, 약육강식, 자본주의의 처참한 현실이 난무하는 환경에서 사업·경영은 절대 못한다. 사냥할 줄 모르니 사냥당하는 먹이 사슬의 최하위 개체다. A 쇼핑몰 대표 같은 사람에게 금방 털릴 사람들이다.

잘나갈 대표들은 전혀 다른 업종이라도 공통점과 발전 방향을 찾는다. 최근 온라인 쇼핑몰 및 온라인 유통 바닥의 가장 큰 이슈로는 '동국제강'을 꼽을 수 있다. 단순한 사람들은 '왜 철강 회사가 인터넷 쇼핑몰을?' 하겠지만 선수들은 '아… 이제 온라인으로 B2B 사업하는 시대구나'라고 할 것이다. 잘나갈 대표들은 식품회사 쇼핑몰과 철강회사 쇼핑몰처럼 전혀 다른 업종을 보고도 공통점을 발견한다. '결제의 편리함'이 온라인 쇼핑몰의 장점. 여기서 그동안 거래처와 전화, 거래명세서 주고 받는 B2B까지 그 모든 창구를 쇼핑몰로 통합한 것이다. 여기에 한 걸음 더 나아가 초일류 CEO가 될 재목들은 이렇게 찾아낸 수십 가지 공통점을 벤치마킹해 자신의 사업에 녹인다. 이런 사람들 보도자료 쓰면 나도 덩달아 신난다. 한 번 말아먹은 스토리까지 있으면 〈인간극장〉감이다.

다시 돌아와, 신석기인들은 왜 수천 년 동안 내려오던 채집, 수렵을 버리고 농경과 목축 경제를 도입했을까? 지금처럼 자연환경 훼손도 없었을 테고 지천에 양식이 널렸을 텐데 말이다. 이는 정주하는 생활의 편리함과 안정을 찾는 심리다. 사냥, 수렵만 하면 어느 날은 토끼, 어느 날은 멧돼지, 또 다른 날은 꿩이다. 이러한 '복불복'보다 정주민의 농경 생활은 불확실성이 상대적으로 덜하다. 안정성이 확보되면서 수렵보다는 농경이 대세가 된 것이고, 정착과 지역의 구분이 시작됐다. 쉽게 표현하면, 먹고살 궁리 하다 보니 기르고, 키워서 잡아먹는 게 더 편해서 생활을 바꾼 것이다.

사업도 마찬가지다. '내 먹거리'인 고객을 잡는 것은 사업의 기본이다. 러브홀릭 〈차라의 숲〉 가사 중 '그 시작과 그 끝을 함께해'처럼 고객을 잡으러 뛰어다니는 것이 사업의 시작과 끝이다.

사냥이 매일 잘된다는 확실성만 있다면 왜 농경 사회로 넘어왔겠는가. 역시나 사업도 마찬가지다. 자꾸 먹거리, 먹거리 하니 식인종처럼 삭막하지만…. 흠흠, 어찌 되었든 내가 먹어야(?) 할 '고객'을 키우고 기르는 데 힘써야 한다.

그렇다고 사냥을 멈춰서는 안 된다. 곳간에서 인심 난다고 내 가두리 양식장 혹은 내 목장과 텃밭, 논에 기르는 가축과 식물은 많으면 많을수록 좋다. 잘 키우는 것도 중요하지만 형질 변화와 유전병 예방을 위해서라도 외부에서 새로운 개체를 계속해 들여야 한다. 고객을 사냥하고, 키우고, 먹거리로….(표현 참으로 삭막하다. 에이, 모르겠다.)

'쇼는 계속돼야 한다'라는 말처럼 사냥과 양식은 같이 해야 한다.

이러다 먹이 사슬 제일 밑, 누군가에게 '잡아먹힐' 업주들을 만나면 없던 병도 생기는 기분이다. K-2 소총에 피카티니 레일 깔고 도트 사이트까지 달아 총 쏘는 법 알려 주듯 마케팅, 고객 유치, 돈 버는 법 알려 줘도 숙련될 기미가 없다. 총 거꾸로 잡고 개머리판으로 멧돼지 때려잡으러 뛰어다니는 오스트랄로피테쿠스다. 생각과 몸 모두 진화가 되지 않은… 아니, 진화할 생각조차 없다. 이런 업주들은 돈을 벌 궁리하는 게 아니라 로또처럼 일확천금만 노리는 사람들이 대부분이다.

또, 키운다고 시작해도 제대로 키울 줄 모른다. 고객들을 '알만 낳는 닭' 정도로 인식한다. 위험한 발언이라고? 과연 그럴까? 잘나간다는 인터넷 쇼핑몰들 한번 보시라. 2008년에 웃기는 사건이 있었다. 한 쇼핑몰이 '개진상'이라고 쓰인 출력물을 상품과 함께 고객에게 보냈다. 블랙리스트를 관리한답시고 엑셀에 그렇게 쓴 거다.

여기에 더해 내가 자주 쓰는 표현인 '21세기형 디지털 졸부'들도 무지 많다. 머릿속에 콘크리트 붓고, 채우며 사는 젊은 유인원들도 상당수다.

소비자들이 포털 검색 광고를 몰랐을 때였던 2000년대에서 2010년 사이, 검색 광고로 '얻어걸린' 고객들을 본인들이 잘해서 그런 줄로 착각하고 산다. 갑자기 쇼핑몰, 홈페이지에 고객들이 미어터지니 뭐라도 된 줄 아는 것이다. 2020년대로 넘어오면서 이들은 자기

들을 '셀럽', '인플루언서'라 여기고 유행이라며 고객들을 챙기기보다 '팔아먹기'에만 급급하다 사고를 친다. 사고 후 수습이나 사과는 못 한다. 고객들이 '몰라서 그런 거다'라고 황당한 논리만 내놓는다.

인스타그램 '호박즙 곰팡이' 사건이 대표적이다. 해명은 커녕 말도 안 되는 변명 일색이었다. 고객들을 키우고 기른다는 것은 고객들을 존중하고 그들과 소통해야 한다는 것이다. 혹시 모를 문제가 발생하면 제대로 된 안내와 사과를 해야 한다는 뜻이다.

그런데, 대부분 우격다짐이고 자기가 최고다. 돈 주는 귀한 고객님들은 '호갱'이고, 내가 하는 대로 따라 해야 한다고 인식한다. 잘나가는 대기업들이 일 터지면 왜 고객들에게 사과하고 관계를 개선하는지엔 관심 없다. 이런 업주들은 그저 스스로가 잘나서 그런 줄 안다. 그러니 문제가 발생하면 곧바로 조치 못 하고 일만 키운다. 이럴 땐 사업 경험이 '적어서'라고 숨는다. 이런 말로 용서받을 수 없다. 웃기지도 않는다. 이런 몰지각한 대표들은 돈 좀 있다고 으쓱대며 갑질한다. 그 돈은 전부 고객들이 준 것인데, 이 사실을 모른다. 그래 놓고 일 생기면 직원 탓만 하며 뭐라고 난리만 친다.

잊지 말자. 고객을 키운다는 것은 소통과 감사가 기본이다.
잊으면? 한 방에 훅 간다.

사업은 수렵과 채집, 농경과 목축 모두를 병행하는 것이다. 키울 땐 무작정 키우기만 해서는 안 된다. 존중하고 소통하며 감사를 표해야 한다. 당신의 방식을 강요해서는 더더욱 안 된다. 미래학자 故 엘빈 토플러 말처럼 고객이 생산 단계부터 참여하는 '프로슈머 prosumer'의 시대다. '사냥 못 하면 길러라'라는 제목 딱 한 줄만 보고 양계장처럼 고객들을 그냥 몰아넣을 생각은 절대 하지 마시라. 자칫하면 범법자가 돼 당신이 닭장에 갇히듯 감방행이다.

튀김용 닭도 동물복지 인증을 받은 게 더 비싸다.

대표들께 고함

고객과 함께하는 것은 사업에 큰 도움 된다는 것쯤은 누구나 잘 안다. 하지만 방법을 못 찾을 때 있다. 나 같으면 그것도 고객들에게 물어볼 것이다. '어떻게 해야 여러분과 자주 만날 수 있을까요?'라고.

M사 홍보팀장 할 때 여성 의류 쇼핑몰 대표가 아이디어를 부탁했다. 난 파자마 파티하라고 추천했다. 연말에 호텔 하나 잡고 VVIP 고객들과 함께 놀면 된다. 와인 한잔하며 편하게 수다 떠는 재미를 느끼라고. 그냥 '파자마 파티'하면 재미가 없으니 '여우들아, 모여라'라는 제목도 붙여 줬다. 그해 연말 재미를 좀 본 모양이다. 봄이 다가오니 다른 아이디어를 부탁 받았다. 남성 의류 쇼핑몰을 섭외해 늑대들

잡아 소개팅을 주선해 줬다. 또 다른 패션 쇼핑몰 대표에게는 회원들과 함께 동대문 투어 하라고 아이디어 줬다. 제품 사입 할 때 친한 회원들 모아 같이 가라고 했다. 여기서 동대문 은어와 맛집 정보 알려 주고, 동대문 쇼핑 때 주의사항도 알려 주라 했다. 효과는 만점.

한번은 일부러 여러 쇼핑몰을 모아 간담회를 진행했다. 홈 베이킹 쇼핑몰, 아침 배달 쇼핑몰, 밀리터리 마니아 쇼핑몰 등등…. 자기들끼리 우수 사례 얘기하다 곧바로 고객 공유가 이뤄졌다.

남녀 미팅 사이트 창업주가 아이디어를 달란 적이 있다. 요런 사이트의 성비는 남자 7, 여자 3 정도가 평균이다. 심한 곳은 9대 1. 예비군 훈련소다. 무식하게 회원들만 모아 놓지 말고 취미를 공유시키라 했다. 바리스타 체험이나 와인 시음, 출사, 요리 체험(쿠킹 클래스), 수입차 쪽 인맥 있으면 고객 시승 행사까지. 단, 참가자 총원은 최대 20명으로 제한. 이때는 일정 비용(2만 원~4만 원)을 꼭 받으라 했다. 그 정도 참가비도 없으면 서로(?) '껄떡댈' 기회가 목적이므로 브랜드 이미지 나빠진다 설명했다. 실제로 하더니 잘나간 모양이다.

03

'제도 파악'은 대표의
필수 과목

언론 보도와 뉴스에 기업 관련된 내용 중 80%는 규제, 단속 얘기다. 알면서도 위법을 저지른 양심에 털 난 업주들이 상당수지만, 반대로 제도나 법규를 몰라 처벌받는 경우도 있다. 몰랐던 사람들 얘기 들으면 안타깝다. 먼저 '한 번만 확인하면 되는걸'이라는 생각이 든다. 이어 '어떻게 저것도 몰랐지?'라는 생각도 따라온다. 잠시 뒤에는 '저거 분명히 경쟁사가 찌른 거다'라는 생각도. 나도 제도를 모르고 있다가 규제당할 뻔한 적 있다. 아이스크림 가게 운영 때 '주휴 수당'이 뭔지 몰랐다. 가게 운영 두 달 뒤에 노무사의 설명으로 알았다. 아르바이트생들에게 곧바로 다 입금해 주고 사정을 설명했다. 만약 그냥 모르고 지나쳤으면? 벌금 제대로 맞았을 거다.

사업은 시작부터 규제와의 싸움이다. 규제 받지 않는 곳이 없다. 대표는 제도와 법률은 반드시 알아야 한다. 모르면? 물어보면 된다.

공무원들에게 물어보면 친절히 답변받을 수 있다.

M사 홍보팀장 때 회사는 해외 배송 대행을 시작했다. 그때 스티브 잡스가 아이패드를 출시해 대박이 났다. 이를 분석해 보도자료를 만들어 돌리자 포털 뉴스 상위권을 차지했다. 그 보도를 접한 많은 고객이 "나도 아이패드 보내 줘"하며 몰려들었다. 해당 팀이 한 달 동안 정신없이 일하고 있을 때였다. 갑자기 방송통신위원회 특별사법경찰관 두 명이 회사로 쳐들어(?)왔다. 전파 인증 안 된 아이패드를 우리가 불법으로 수입해 판다나? 불법 판매 신고가 들어와 조사하러 왔다고 했다. 담당 팀장과 같이 만났다. 문제로 삼은 서비스는 '배송 대행'만 하고 있었다. 한국 소비자들이 '아이패드 사서 보내줘~' 하면 사다가 국내로 보내 주는 '심부름' 개념이었다.

특별사법경찰(이하 특사경)을 만나니 예상대로 살기등등한 표정. 나는 생긴 것과 다르게 겁이 많다. 진짜다. 덩칫 값 못할 때도 있다. 그래서 군 복무 때 찾아낸 것이 '그래 봤자'라는 마인드 컨트롤 방법이다. 정말 많은 도움이 됐다. 협조 사인을 받으려고 대령들 만나러 갈 때면 '그래 봤자 같은 군인끼리~'라고 몇 번이나 다짐·생각하며 들어갔다. 보름달만 한 별 세 개 달고 계신 사령관 결재 때도 이 마인드 컨트롤은 큰 도움이 됐다. 특사경 만날 때도 그랬다. '그래 봤자'라는 생각 꺼내며 마음을 달랬다.

우리 집은 공무원들이 득시글거린다. 국방부, 보건복지부, 교육부, 과학기술부 등등. 모 인사(?)는 임용, 몇달 근무 뒤 퇴근해 우스갯소리로 "출근하면 관장(6급) 제대로 쳐다보지도 못하는데, 집에 오면 그보다 높은 사람들하고 논다"라고 얘기했다.

나도 육군 대위로 전역했다. 집안 환경이 이렇다 보니 공무원들 일 처리가 어떤지 안다. 국민 세금으로 먹고사는 직종들의 업무 방식은 거의 비슷하다. 특사경도 공무원이다. 그래서 마음속으로 '그래 봤자~'를 무장하고 만났다. 절대로 무시하는 것 아니라, 이렇게 삐딱하게(?) 마음먹어야 내가 편해서다. 예상대로 강한 압박 톤으로 '전파 인증' 얘기를 꺼냈다. 전파 인증 받지 않은 걸 왜 판매하냐며 규제 공무원 특유의 강경한 태도였다. 얘기 다 듣고 난 뒤 딱 한 마디 했다.

"우린 국제 심부름 센터인데요."

우리가 수입해 파는 것이 아니라, 사서 보내 달라면 그것만 해 주는 심부름이란 걸 쉽게 설명한 것이다. 당황하는 특사경들. 이어 자세한 서비스는 담당 팀장이 설명했다.

각종 행정 관공서에서 국민의 세금으로 봉급 받는 사람들을 만날 때 있다. 그러면 만남의 목적을 위한 관련 근거를 찾아 지참해 설명해 준다. 또, 관공서 사람들 만날 때는 최대한 예의를 갖춘다. 하지만 그곳도 온갖 인간 군상이 우글대는 조직이다. 말귀 못 알아듣는 사람들도 있다. 이럴 땐 내 나름의 작전을 펼친다.

모 규제부서 간담회였다. 공식 자료라고 가져온 것이 내가 만들어 제공한 보도자료를 토대로 쓴 기사여서 같이 참석한 다른 팀장과 숨 죽여 큭큭 댔다. 네 번째 간담회에 참석했을 때였다. 사업하는 사람들 입장서는 당최 이해 못 할 말만 어김없이 또 늘어놨다. 끝날 무렵 손 들고 "업무하시느라 고생 많으십니다. 질문 하나 드리는데요. 인터넷 쇼핑몰 하면 각 부처 관계법 있잖습니까? 예를 들어 된장 파는 식품 쇼핑몰이면 공정위의 전자 거래법 있고, 식약처의 식품법 있습니다. 어느 게 상위법 개념인가요? 그거 해석해 주시면 저희가 쇼핑몰에 성실히 전달하겠습니다" 하니 다들 표정이…. 돌아온 답변은 "자연법이 좋은 거 아니겠어요?"였다.

실제 공식 석상에서 나온 답변이다. 한번은 쇼핑몰을 운영할 목적으로 가입한 사람이 진짜이고 사무실이 있는지 해당 업체들이 직접 다니며 확인하라는 황당한 얘기도 나왔다. 아니, 우리가 무슨 18~19세기 조선시대 공납권 가지고 금난전권禁亂廛權을 휘두르는 시전 상인들인가? 이를 짚으니 담당 과장은 또 당황했다. 이건 싸우려한 게 아니다. 정확하고 상식적인 의견을 준 것이다. 이래서 사장이 날 안 좋아했지. 무소불위無所不爲의 규제부서한테도 이러니….

정확히 해야 할 것은 난 싸우자고 덤빈 적 없다. 모르면 그냥 물어보고 산업 현장의 의견을 준 것이다. 이는 담당 공무원, 주무관들도 다 알고 있었다. 난 모르면 그들에게 꼭 물어본 뒤 거기서 나온 답변을 주변에 알렸다. 공무원들과의 의사소통? 특별한 것 없다. 그들의 질문에 성실히 답해 주고, 궁금한 건 물어서 시정하고 근거만 남기면 끝이다. 쉬운 얘기를 뭐 이렇게 돌려서 하나 싶겠지만 이건 꼭 알아야 한다.

공무원들은 자기가 원해서(?) 규제하러 나타나는 사람들이 아니다. 대부분 공무원은 법률 근거만 있으면 언제나 문제를 해결해 주려고 노력하는 사람들이다. 무조건 단속만 하는 게 아니다. 거기다 정책 공무원이라 불리는 4급 서기관 이상만 결정권을 가지고 있어 '주무관'으로 불리는 실무 공무원들 중에는 근거를 잘 모르는 사람도 있다. 그럴 땐 근거만 잘 찾아다 주면 공무원들은 금방금방 일 처리해 준다. 그러라고 우리 세금으로 봉급 받는 거다.

사업하는 사람이 제도와 법률을 다 알 수는 없다. 그래서 법무사, 노무사, 세무사 같은 선수들이 있는 것이다. 대표들에게 내가 추천하는 가장 손쉬운 제도의 확인 요령은 '국민 신문고'다.

국민 신문고로 각종 의문, 규제, 사업과 관련된 내용을 문의하면 해당 부처, 담당 부서, 실무자에게로 전달된다. 그 실무자는 법률과 제도 확인 후 안내해 준다. 걸리는 시간은 길어야 2주면 끝. 답변을 보고 시정할 것이 있으면 시정하고 사업하면 된다. 만약 법이 바뀌어 나중에 규제 대상이 되더라도 답변 온 것을 삭제하지 말고 근거로 가지고 있으면 일정 부분은 참작받을 수 있다. 절대 잊지 말자! 국민 신문고!

사업 시작한 지 얼마 되지 않았을 때다. 내 서비스를 날로 먹으려던 아침 배달 쇼핑몰 업주에게 급하게 연락 왔다. 식약처에 걸려(?) 영업을 정지당하게 생겼다는 것이다. 쇼핑몰 홈페이지를 업데이트하며 실수로 삼겹살 원산지 표시를 빼먹은 게 원인. 생각나는 사람이 없어 급하게 전화했다며, 자기는 고의가 아니라고 했다. 고의인지 아닌지는 공무원들이 판단할 수 없다.

영업 정지는 완벽하게 막을 순 없다. 그래서 그동안 홈페이지의 디자인 업데이트 수정본을 첨부해 '소명' 공문으로 보내라 했다. 이어서 그 쇼핑몰의 사업장 소재지 지자체에 협조 요청하고 탄원 공문도 같이 보내라 코치해 줬다. 한 달 영업 정지 처분은 이 과정을 거쳐 열흘로 줄었다.

보통 사업주들은 이런 규제를 만나면 허둥지둥, 당황하게 된다. 하지만, 앞서 말한 대로 관련 규정만 있으면 된다. 모든 걸 대표가 다 할 수는 없지만 그래도 최소한 지금의 사업 분야가 어떠한 법과 제도에 저촉되는지 물어보는 정도는 해야 한다. 책 전반에 걸쳐 등장하는 이(모지리)들은 그럴 생각도 못 한다. 그래 놓고 "이래서 공무원들은 안 돼"라며 떠든다.

'야. 너두.'

지원을 받을 수 있는 제도도 무지 많다. 이를 놓치고 신청하지 않아 '돈 낭비'를 하는 경우도 심심찮게 볼 수 있다. 난 직원들 있을 땐 악착같이(?) 지원받았다. 가장 쉬운 것은 '두루누리'다. 사용자와 노동자가 납부할 국민연금, 건강보험의 50%를 1년 동안 보조받을 수 있다. '시간선택제'는 근무 시간을 탄력적으로 운용하는 것이다. 이 제도는 고용한 직원 월급의 반을 1년 동안 지원하는 것이다. 청년 취업 수당도 있다. 이건 고용노동부가 하는 것이다. 각 지자체에서 하는 지원 사업까지 뒤지면 넘쳐난다.

여기까지 읽었다면 당장 '지원 자금'을 검색하시라. 빠듯한 경영에 도움 되는 지원책들이 당신을 기다린다. 더 다양한 지원을 받으려면 세무사, 노무사를 찾아 상담료 내고 사골 우리듯 모든 지원책을 확인해 신청하시라.

대표들께 고함

　　각종 지원과 대책 마련한다고 '공무원'들 모여 있는 곳으로 보이는 장소에 무작정 쳐들어가면 안 된다. 팔 부러졌는데 비뇨의학과 찾는 짓과 동급이다. 고용노동부, 고용지원센터 홈페이지 보면 대충 알 수 있다. 아니면 노무사를 찾아 1시간 상담료 내고 안내 받자. 쏠쏠한 지원책을 한 아름 안겨 준다. 세무도 마찬가지다. 법인과 일반과세자(개인사업자) 모두 경조사비는 최대 20만원까지 세금 공제가 된다. 이런 건 세무사에게 물어보고 경조사 지출 내역 근거를 마련해 두면 된다.

　　규제와 법률로 곤란을 겪으면 무료 법률 상담을 해 주는 법률구조공단도 있다. 이 외에도 수많은 법률 지원 서비스가 마련돼 있다. 지원책처럼 자세한 사항을 알려면 법무사 찾아가도 된다.

사람과 돈 모으는
미끼는 '돈'

은어 낚시의 미끼는 은어다. 영역 다툼을 하는 은어 습성을 이용한 것이다. 꼬리에 바늘 달아 놓으면 다른 은어가 쫓아내려 덤비다 걸린다. 은어 낚시 원리와는 조금 다르지만, 사업으로 벌어들인 돈은 사람과 또 다른 돈을 모으는 미끼다. 또, 사업 스트레스를 푸는 데 돈만 한 게 없다.

유튜브 스타 박막례 할머니는 "여행은 눈으로 하지만 추억은 돈으로 만든다"라는 명언을 남기셨다. 돈, 돈, 돈 하니 돈에 환장한 놈으로 보일 것이다. 맞다. 대차게 망해 가게까지 말아먹고 허덕대며 빚 갚은 경험을 가져 보시라. 2015년에 달았던 '혹(不惑:불혹)'도 떼고 지천명知天命으로 접어들다 보니 머리 굳는 게 느껴진다. '아이디어 소매상'으로 돌아다닐 날도 얼마 남지 않았다는 것을 느끼니 돈이 얼마나 소중한지, 진심으로 '각골난망刻骨難忘'이다.

218

tvN 예능 〈알쓸신잡〉 시즌 1, '대전, 세종, 충남'편서 조선 실학자 이덕무의 '사소절士小節(선비가 지켜야 할 작은 예절)'이 언급됐다. 쌈 싸 먹는 법 얘기 나오자 유시민 작가는 "맨날 그런 쌈 싸 먹는 얘기만 하니 나라가 망하지"라 말했다. 박수쳤다. 조선 양반사회를 비판한 책,《우리가 아는 선비는 없다》도 비슷한 내용이다. 쉽게 말해 '콩 한 쪽도 나눠 먹는 의리는 좋다. 그런데 왜 콩 한 쪽 나눠 먹을 생각만 하는가?'다. 지배층이며 특권을 누렸던 조선의 양반 '식자층識者層'들이 냉수 먹고 이 쑤시고 있었다. 이건 경제 발전 둔화 → 사회 혼란→최악으로 연결됐다. 회사라는 조직에서 (재수 없게 표현해) '지배층'은 대표와 경영진이다. 이들이 돈 벌 궁리는 안 하고 조선시대 양반들처럼 고고한 척만 하고 지내면 제대로 말아먹는다.

첫 폭망의 직접 원인인 외상만 줄창 달던 업주. 미강米糠 분야의 국내 권위자라는게 그 회사 이사님 소개였다. 서울대 나오고 식품 대기업 연구원으로 부장까지 지냈다. 경력도 화려하고 아는 것도 많았다. 수많은 소재를 개발한 실력자였다.

그런데… 지금도 난 왜 이 사람이 사업자 등록 내고 돌아다니는지 도통 모르겠다. 1년 동안 줄창 외상. 변변한 사무실도 없어 다른 사무실에 '꼽사리'로 있었다. 또, 돈 벌기보다는 강의만 바쁘게 돌아다녔다. 내가 폭망 폐업 때 둘이 합을 맞추기로 했다. 영업, 마케팅은 내가, 개발은 그 사람이. 외상은 나중에 지분으로 받기로 했다. 남은 직원 한 명과 합류했다. 사무실 보증금 뺄걸로 2월~4월까지 석달 내 직원 월급은 챙겨 줬다. 합류 뒤 여기저기 뛰어 쌀눈 납품을 성사시켰다. 또, 프랜차이즈에선 일본 양념 '후리가케'의 샘플을 쓰고 큰 문제가 없으면 납품 받겠다 했다. 말하니 금방 만들 수 있다 하곤 샘플도 안 만들었다. 나와 다른 사람들은 이리저리 뛰는데 돈 벌 궁리는 커녕 강의 간다고 바쁘다는 거다. 이 업주는 생각만 거창했다. '월급 받는 영농인, 농부를 만드는 회사'가 목표란다. 그러면서 돈은 안 벌고 있었다. 참다가 나부터 철수했다. 나중엔 직원 전부가 흩어졌다. 영업, 마케팅 전혀 모르는 사람이 소상공인들 마케팅 강의에 나가고 있었다. SNS엔 자기는 매우 잘 났다만 쓰고. 2017년 12월 강하게 요구해 외상값은 다 받아 냈다.

이런 인간들처럼 사업을 왜 하는지 알 수 없는 사람들 많다. IT 쪽에서는 뭔지 모르는데 계속 개발만 하는 것도 목격한다. 기자들에게 신 서비스, 사업, 기술 소개할 때는 단순히 '기술 최고다'는 절대 안 먹힌다. 기술이 '산업이나 생활 어디에 쓰이고 경제적 가치는 이러저러하다', '그동안 실적은 이 정도고 회사 매출은 어느 정도다', '앞으로 어디에 쓰일 것이고 계약은 몇 건 성사에 상담도 진행 중이다' 이렇게 설명해야 기자들은 독자들이 알기 쉽게 기사를 쓴다. 그런데, 보통의 경우엔 '당신이 몰라서 그런 거다'로 말한다. 또, 알아듣지도 못하는 용어 쓰며 얼마나 잘났는지, 잘난 자기가 위대한 기술 개발한지는 침 튀며 말한다. 자기가 개발한 기술을 채용치 않는 기업, 사회의 무능은 신랄하게 비판한다. 경쟁사 보도가 나오면 곧바로 '저건

삥', '기레기'하며 난리다. 지랄도 정도껏 해라.

사업의 결과물은 바로 돈이다. 영업이익, 순이익! 아무리 좋은 기술이나 세상을 바꾸는 아이디어도 결국 그걸 매출로 만들어야 빛을 보는 것이다. 안그럼 '빚'만 볼 것이다.

스티브 잡스를 보자. 좋은 제품을 만들어 내고 획기적인 아이디어 냈지만 과연 주목받았나? 돈이란 결과가 없을 땐 '괴짜' 취급이었다. 그러다 아이팟, 아이폰, 아이패드가 잘 팔리자 상황은 180도 바뀌어 '위인'급 대접 받았다. 이때부터 애플엔 인재들이 넘쳐나기 시작했다. 쉽게 생각하자. 물이 맑아야 고기가 모이듯, 회사 통장이 튼튼해야 사람과 또 다른 돈이 모인다. 많은 이익을 만들어야 재투자, 인재 확보가 가능해지고 조직원과의 이익 분배, 경제적인 자유를 이룬다.

이처럼 사업의 결과인 돈은 무지 중요하다. 처음엔 그냥 '돈'이다. 이 녀석은 한 달 지나면 '급여', '월급', '상여금' 등 다른 이름으로 불리며 사라진다. 그날 저녁에는 직원들이 먹을 삼겹살로 변신한다. 조금 지나면 '자본資本'으로 불리며 신분이 상승한다. 이 자본은 신사업의 기초 체력을 튼튼하게 한다. 그리고 능력 있는 대표, CEO의 손 거치면서 '투자금投資金'이 돼 고상한 품격을 갖춘다. 이 품격으로 새로운 인재들을 모으고 새로운 수익을 만들며 끊임없이 진화한다. 이 과정에서 대표는 경제적 풍요와 함께 '자산가치'라는 새로운 수식어를 가지게 된다. '번 돈 → 자본 → 투자금 → 자산가치' 이다음도 생길 것이다.

NC 소프트 김택진 대표는 KBO리그서 구단주를 '형'으로 부르는 문화를 만든 사람이다. NC 다이노스 창단 때, 일부 몰지각한 대기업(야구팬이라면 누구나 다 안다.)이 '중소기업이 뭔 야구냐'며 무시하는 발언을 하자 한 방에 입 닫게 했다.

"내 돈으로만 야구단은 100년 운영할 수 있다."

돈 못 버는 업주, 사장들은 "나중에 해야지"라는 말을 달고 산다. 뭐 하나 이룬 것도 없는데 "다 된다"고 입만 놀린다. 여기에 돈도 없으면서 낭비까지 심하면 최악이다. 잠시 책을 덮고 심각하게 생각해 보시라. 사업하며 수많은 위기와 어려움 겪었을 것이다. 그중 '돈'이 없어 생겼던 비참한 현실을 떠올려 보자. 아무리 선한 목적과 의지가 있어도 그 결과물인 경제적 자유를 이루지 못하면 말짱 꽝이다. 내 의견에 반대하는 사람들도 한번 곰곰이 생각하시길. 좋은 기술과 서비스 개발했다고 말만 떠드는 사람들에게 귀 기울일까? 큰 성과와 자산가치를 축적한 CEO의 얘기가 더 큰 신뢰를 받는다. 또, 돈을 벌어야 하는 다른 이유는 사업 성과의 증명이다. 대표, CEO로서의 능력과 가치를 인정받으려면 자산이 뒷받침 돼야 한다. 아무리 달변에 사람을 끌어모으는 재주가 있어도 사업 성과를 보여 주지 못하면 사기꾼이다. 이런 사람이 사모 펀드나 전문 투자사에게 투자를 받았다면 M&A 당한다. 회사는 공중분해다. 투자사는 원금의 회수와 이익이 중요하지, 당신의 사회적 성취를 받아 주지 않는다. 몸과 마음을 갈아 넣어 만든 기술과 서비스라도 실적을 만들지 못하면 헐값에 팔린다.

난 심심하면 나무위키의 '미군, 돈지랄'을 본다. 수백·수천 번 봐도 질리지 않는다. 1, 2차 대전을 싹쓸이한 미군 원동력은? 나는 엄청난 군수 능력을 꼽는다. 실제로 미군과 훈련했을 때, 입이 떡 벌어졌다. 연병장에 있는 미군 텐트 들어가 보니 항온 항습기를 틀어 일정 온도를 유지하고 있었다. 한겨울에도 A형 텐트에서 침낭과 몸으로 때우던 우리와 차원이 달랐다. 훈련 중 전투 휴무 때 미군 헬기 조종사에게 짤짤이 가르쳐 주다 참모장에게 걸려 한 소리 듣기도 했지만… 흠흠. 어쨌든 잊지 말아야 한다. 돈을 번다는 것은 결코 수치스러운 행위 아니다.

앞에서 마케팅은 전쟁이라 했다. 전쟁은 시작과 끝이 있고, 이기면 각종 전리품과 영광을 차지한다. 그런데 마케팅은 전쟁보다 더하다. 끝이 없다. 회사를 팔아 치우든지 내가 죽든지 둘 중 하나 아니면 계속 해야 한다. 전쟁은 군수가 필수다. 끝없는 전쟁인 마케팅을 하려면 당연히 돈이 있어야 하지 않나? 뜬구름 잡는 말 대신, 당장 옆에 있는 직원이나 당신 가족을 생각해 보시길.

돈 없어도 사람과 돈이 모이는 건 종교와 조국 광복을 위한 헌신, 정치밖에 없다. 그중 종교는 故 김수환 추기경님이나 열반하신 법정 스님처럼 진심으로 존경할 만한 분들에게 모여야 하는데, 이상한 사이비들에게도 모이는 걸 보면 알 수 없는 게 세상살이다.

2017년 영화 〈저스티스 리그〉서 배트맨이 히어로들 모을 때다. 플래시가 "당신의 슈퍼 파워는 뭐냐?" 라고 묻자 배트맨은 이렇게 답한다.

"*I am a rich. (난 부자야.)*"

감탄했다. 이 슈퍼 파워는 영화 끝에 슈퍼맨(클락)의 고향 집을 되찾는 장면에도 나왔다. 은행에 압류된 집 되찾은 방법을 클락이 물었다. 배트맨은 "은행을 사 버렸어"라고 답한다. 진정한 슈퍼 파워다. 이 슈퍼파워는 대표인 당신만 잘하면 장착 할 수 있다.

고양이들과 살다보니 부러울 때가 많다. 놀고 싶을 때 놀고 자고 싶을 때 자고. 먹고 싸면 집사들이 알아서 챙긴다. 무지 부럽다. 어느 날 조카와 카톡 하며 "다음 세상엔 고양이로 태어나야지"라 했다. "외삼촌. 그냥 고양이 말고 부잣집 고양이라고 목표 확실히 해야해요. 기왕이면 만수르집" 조카 말이 정답이다. 역사에 보면 선비, 장군들이 청렴을 강조한다. 최영 장군은 '황금 보기를 돌같이하라'라고 당부하셨다. 이건 제대로 알자. 부정부패를 경계하라는 거지 돈을 벌지 말라는 것이 아니다.

더 정확히 알아야 할 것이 있다. 이런 말을 한 위인들은 본가, 외가 모두 다 잘 살았고, 토지도 많았다는 거다. 녹봉도 충분했다. 속칭 '째지게 가난한' 집은 하나도 없었다.

지금까지의 사업 성과로 본인이 새로운 분야에 도전할 수 있는 체력이 된다면 상관없다. 하지만 자본이 모자라면 투자를 찾게 된다. 잊지 말아야 할 것은 '투자금'도 '빚'이라는 것이다. 투자자들이 더 큰 수익을 위해 당신에게 돈 벌라고 쥐여준 것이다. 가끔 투자받은 것을 '돈 번 것'으로 착각하는 모지리들이 있다. 절대 아니다. 정신 제대로 차려야 된다. 이 모지리들은 투자금을 받으면 멀쩡히 쓸 수 있는 책상 같은 집기와 기자재부터 바꾸는 미친 짓과 미련한 짓을 한다. 절대 하지 마라. 투자금은 필요한 인재 선발과 마케팅 비용으로 써야 한다. 또, 오래된 PC는 성능 좋은 PC로 바꾸는 등 생산적인 곳에 써야 한다.

투자사도 잘 찾아야 한다. 어느 정도의 성과가 나면 시드seed 투자가 시작된다. 가장 많이 쓰고 생각하는 것은 크라우드 펀딩이다. 좋긴 하지만 생각만큼 많이 모이지 않는다. 이럴 때는 곧바로 기관 투자사, 엔젤투자 찾는 것보다는 '개인투자조합' 제도를 이용하는 것도 방법이다. 투자사들도 시드 투자 때 많이 쓰는 제도다. 이 제도로 시드 투자를 받고 성과를 내 벤처캐피털 같은 기관 투자사들로부터 시리즈 A, B 식으로 투자를 이어받으면 된다. 투자사들의 가장 큰 목적은 상장IPO. 기업 가치를 극대화시킨 후 투자금을 몇 배로 올려 회수, Exit 하는 것이다. 물론 이 과정에서 창업주, 창업 멤버들은 '자산가'란 신분을 받게 된다. 이렇게 돈을 벌고 난 뒤에 하고 싶은 것 다 하고 사시라. 단, 누릴 때도 도덕적, 윤리적, 합법적, 문화적, 사회적 기준은 준수하면서.

'셀프 파이어' 꿈꾸는 홍보쟁이

나 역시 시행착오와 실패를 겪으면서 은퇴 목표를 정했다. 목표한 은퇴 자금을 물어본다면 말해 줄 수 있다. 단, 활자화시키지 않는다. 금액이 바뀔 수 있어서다. '최소한'이 있어, 그걸 넘어서면 한 번은 숨 고를 생각이다.

첫 책 《망할 때 깨닫는 것들》을 아직도 읽어 주는 독자들에게 고마움을 느낀다. 어느 블로그에 올라온 후기를 봤다. '자기개발서보다 에세이'라는 평. 맞다. 서문에 남겼지만, 특별히 대단한 것 없다. '자기반성'과 날 뒤 돌아보고, 창업자들에게 조금이나마 도움 되겠다 싶어 남긴 글이다. 어쨌든, 나에겐 서애西厓 류성룡 선생의 『징비록懲毖錄』과 같은 역할이다. 진짜 쓰고 싶은 글은 영원한 사학도니 아직 다 못 본 우리 문화재를 소개하는 글이다. 유홍준 교수님 같이는 아니래도 한번 써 보고 싶다. 어쨌든, 올레꾼이니 올레길 걷고, 산티아고 순례길 다녀오고, 아침에 일어나면 '오늘 뭐 하지' 하며 지루하게 하루 열고 싶어 가열찬 통장 잔고 투쟁 중이다. 어쨌든 목표 채워지면 바로 셀프 파이어다. 놀 거다.

은퇴 후에 놀면 뭐 하냐는 사람들도 많다. 홍보담당자로 20년 넘게 살았다. 30년은 거뜬히 채울 것 같은 불길한 느낌도 든다. 이 직업의 가장 큰 고충은 내 잘못도 아닌데 고개를 숙이는 것이다. 내가 다니는 회사, 혹은 고객사가 사고를 치면 곧바로 위기 상황이 생긴다. 기자들의 '폭풍 전화'로 야밤 전화는 기본. 귀가 뜨거워질 정도로 통화한다. 이럴 땐 곧바로 대변인이 돼 언론에 내용을 자세히 설명, 오해가 없게 한다. 이러며 사회와 고객들에게 사과도 한다. 홍보쟁이는 좋은 일 해도 잘못했다, 미안하다 고개 숙이며 사는 게 숙명이다.

2006년 식품업계는 '완전표시제'가 화두였다. 연말까지 모든 식품업체는 원료를 완전 공개해야 했다. 당시 풀무원은 업계 최초로 완전표시제를 실천했다. 5월에 기자 간담회를 준비하며 몇 주 동안 정신없었다. 엠바고Embargo(보도 사안을 일정 시간에 공개하기로 약속하고 미리 자료를 제공)는 깨질 수 있으니 절대 보안 유지. 자료는 당일 배포하기로 했다. 출입 기자들 초청하고 참석 부탁하며 주말도 없이 연락했다.

간담회 당일, 웨스틴 조선호텔에는 '흔한 모습'이 연출됐다. 정보 안 줬다는 기자들의 항의와 싫은 소리가 공기를 가득 채웠다. 풀무원 홍보팀, 대행사인 우리 부장과 내가 맨몸으로 때우고(?) 있었다. 나는 지금 종편 방송에서 자주 볼 수 있는 기자에게 열심히 면박 받았다. 저쪽을 보니 한참 나이 어린 기자에게 당시 풀무원 홍보팀장이 노략질당하는 양민처럼 털리고(?) 있었다. 모두 간담회장에 들어간 뒤, 밖에 남은 소수의 홍보쟁이들.

당시 31살밖에 되지 않은 유주현이라는 놈이 풀무원 홍보팀장을 위로한답시고 "팀장님, 고생하셨습니다. 대행사 대리 나부랭이가 한잔 사겠습니다"고 했다. 그러자 허허허 웃으시며 "이거 다 월급에 포함돼 있는 거야"라고 말씀하셨다. 고수에게 크게 한 수 배웠다.

이건 한 예다. 어느 직업이나 고생은 많지만 우리네 직업 역시 당신들 생각보다 더 만만찮다. 《회사를 살리는 홍보, 망치는 홍보》에서 양진형 대표께서는 책에서 예전 국정홍보처장이 지자체 단체장들 대상으로 한 강연 내용을 빌려 우리 직업의 애로를 표현하셨다.

"집안 조상 중 한 분이 악업을 행하면 기자가 나오고, 3대가 악업 행하면 홍보담당자가 나온다. 그러니 앞으로 홍보담당자들에게 잘 좀 해 주시라."

이 말 하니 선배 한 분은 "4대가 악업을 행하면 홍보대행사 직원 나온다"라고 하셨다.

홍보쟁이가 쓴 책이니, 말 나온 김에 홍보도 가볍게 설명을 남긴다. 홍보가 얼핏 보면 쉬우면서도 자세히 들여다보면 어려운 것이 사실이다.

'홍보弘報.'영어로 하면 Public Relations다. 즉, 공공관계, 공중관계를 뜻한다. 남한테 알리는 것, 사람들에게 알리는 것을 홍보로 많이 아는데 아예 틀린 개념은 아니다. 하지만 100% 중 아무리 잘 봐줘도 10%만 맞는 얘기다. 남한테 알리고 말하는 행위는 홍보의 첫걸음이지 전부는 아니다. 한자를 해석하면 '넓게 알림'으로 보는데, 다르게 해석하는 게 더 타당하다는 의견이 20년 넘은 홍보쟁이의 생각이다.

넓을 홍(弘), 갚을 보(報). 넓게 갚는 것.

고객을 시작으로, 기업의 홍보 행위를 받아야 하는 대상들에게 어떻게 갚을까 고민하면 훨씬 쉽게 접근할 수 있다. 기업은 사회 속에서 존재하고, 존속되는 것은 소비자(고객)가 있어서다. 어떤 기념이나 사은의 의미로 할인 혹은 프로모션을 진행할 때 '보은', '보답'한다는 생각과 개념을 계획 속에 넣으시라. 그러면 쉽게 풀린다. 대상에게 이를 알리는 방법은 여러 가지다. 언론에 제공하는 보도자료, 각종 매체에 하는 광고, SNS 포스팅 등등. 이 모두가 홍보 활동이다. 여기서 언론을 통하는 것은 언론사와 기자들의 특성을 고려해야 한다. 여기서부터 나를 비롯한 홍보쟁이들 머리는 뜨거워진다.

'A'라는 기자와 'B'라는 기자. '가'라는 매체와 '나'라는 언론사. 모두 특성이 다르고 쓰는 용어도 다르다. 같은 내용이라도 이 특성에 맞게 보도자료를 꾸며야 한다. 돌아오는 반응도 제각각이다. 그나마 좋은 쪽이면 상관없지만, 각종 위기 상황이면 미친다. 그래서인지 홍보쟁이들은 회사의 문제가 확인되면 '월권'으로 느껴질 만큼 고치라고 성화다.

왜냐고? 단적으로는 내 잘못도 아닌데 대신 욕먹는 게 싫어서다. 하지만 진짜 사명감 있는 홍보담당자는 다르다. 조직을 위해 잘릴 각오로 뛴다. 이를 못 받아들이는 미련한 업주들은 이런 것을 보면 자기를 싫어하는 줄 안다. 이것도 위기 상황이다. 자기를 싫어하는 것으로 알고 홍보쟁이 괴롭히면 진짜 싫어하게 된다. 절대 그러지 말아야 된다. 그러니 홍보쟁이들 잘 좀 챙겨 주시라.

치열하게 살아왔다. 이 책 쓸 때도 집안에 우환이 생겨 돈고생(?) 좀 했다. '현찰'의 소중함이 절실하게 다가왔다. 그래서 더 악랄하게 돈 모으며 산다. 재수 없으면 앞으로 10년 넘게 일해야 할 수도 있다. 은퇴한 후에도 일하라고? 차라리 날 죽여라!

5장

건강한 리더 되는 법

대표가 곧 회사다.

아니라고 손사래 치는 대표들 많다. 하지만 사실이다.

단군 할아버지 때부터 지금까지, 반만년 유구한 역사 속에 자리 잡은 작금의 대한민국 문화다. '평등', '수평적'이라는 단어 쓰지만, 사장실에서 큰 소리 나면 회사는 조용해진다. 팀장들은 사장의 동태 파악과 문제를 찾느라 혈안이다. 직원들은 곧바로 사장 심기부터 살피며 고개 숙인다.

대표가 출장 가면 그때부터는 '어린이날'이다. 대표가 아프거나 입원하면 사분오열이다. 결재해 줄 사람 없어서고 책임 소재가 모호해서다. 사실이다.

대표인 당신. 무조건 건강해야 된다. 죽어도(?) 건강해야 한다.

01

당신이 살아야
회사도 산다

'너 또 갔냐?'
'좋겠다.(약간 비아냥)'
'우와 날씨 죽이네요.'

내 SNS에 달리는 댓글 지분(?) 70%를 차지하는 글이다. 내 SNS
검색해 보시길. 난 올레꾼이다. 1년이면 여섯번 제주로 입도入島해
올레길 걷는다. 2011년 7월, 지랄 맞던 회사 나오기 전 휴가 다 써서
올레길에 첫발을 들였다. 그때부터 시작해 2023년 현재 입도 13년
차다. 올레길 완주는 책 나왔을 때면 3회 끝내고 네번째 완주(역주행)
중일 것이다. 날씨 실패는 한 번도 없었다. 나타나면 날씨는 최고다.

2022년 10월엔 가파도 올레서 최고의 풍경을 봤다. 서귀포 월드
컵 경기장부터 서쪽 끝 수월봉까지 '쨍'하고 다 보이는 날씨를 설문
대 할망께 받았다. 올레꾼들은 이게 얼마나 큰 행운인지 안다. 평생
올레꾼인 한 분이 게스트 하우스를 할 때 에피소드도 있다. 날씨 복

못 받은 손님들에게 웃으며 "내일부터 날씨 좋아질거다"하니 손님들은 "비 예보던데요"라 했다고. 평생 올레꾼께선 "믿으시라. 그런 사람 하나 나타난다"고 했다. 나다. 다음날 쨍한 날씨와 함께 숙소 들어가니 손님들 놀랐다.

참고로 일기 예보 보고 입도치 않는다. 올레길 갈 땐 최소 두 달 전에 숙소와 항공권을 잡는다. '빼박캔트'다. 날씨고 나발이고 무조건 입도. 도착하면 날씨가 좋다. 비 와도 걷다 보면 개고, 도착하면 구름도 걷힌다. 왜 이런지 나도 모르겠고, 평생 올레꾼(2022년 기준으로 비공식까지 하면 올레길 19회 완주. 산티아고 순례길 다섯 번 완주. 내가 올레길서 만난 최고의 길동무)이신 레프트핸더 게스트 하우스의 쥔장도 모른다. 어쨌든, 설문대 할망이 보우하신 올레꾼이다. 내가 좋아 보였는지 따라붙었다 두 번 다시 나랑 안 걷는다는 사람들 있다.

셀프 해고(?)하면 도망 '0순위'는 산티아고 순례길이다. 올레꾼 발걸음은 육지서도 계속이다. 강화도, 대부도, 경기도 뭐 어디 들쑤시고 길 걷는 게 인생 최고의 낙 둘 중 하나다.(남은 하나는 일 끝내고 집에 들어와 고양이들한테 시달리는 것) 평일에도 걷는다. 기자 미팅, 외부 일정 있으면 구간은 다르지만 '경기 부천 범박동→푸른 수목원→오류동역→개봉역→구일역'이 기본이다. 복귀 땐? 조립은 분해의 역순. 하루 평균으로 따지면 '못 걸어도' 15km다.

갑자기 왜 제주에 입도하는 것과 걷는 거 자랑질이냐고?

난 살기 위해 제주 올레길 걷는다.

큰 대가리 속 쌓인 묵은 감정의 찌꺼기는 열거하자면 입 아프다. 무식한 업주들에게 듣는 개소리, 말귀 못 알아듣는 일부 몰지각한 기자들이 쏟아붓는 억지, 무슨 일 터지지 않을까 조마조마한 마음, 사고 터지면 뜨겁게 귀 달궈질 때까지 통화하는 사태, 진도 나가지 않는 보도자료에 더해 설명해 줘도 제대로 알아먹지 못하는 고객사 사람들의 행태, 입금 늦든가 아님 돈 빌려 달라는 사람들 등등….

이 모든 지랄 맞은 것들 털고 살기 위해 올레길 걷는다.

'맛집', '카페'서 인증 올리고 그런 적은 한 번도 없다. 올레길만 걷는다. 2017년 완주 후 2018년 중순까지 안 걸었다. 그래도 세화리 주변에서 산책과 쓰레기 주우러 돌아다녔다. 단일 최장기록은 2022년 11월 올레 17번-18번(제주시 관덕정 분식 시작→김녕 해변)이다. 새벽 5시 40분에 시작해 대충 11시간 동안 걸어 오후 4시 30분에 끝냈다. 올레 구간과 이리저리 다닌 것 합하면 43km를 걸었다.

세찬 제주 바닷바람 속을 물집 잡힌 발바닥으로 밀고 뚫으며 걸어 나가면 모든 지랄 맞은 것들 다 날아간다. 설문대 할망은 날아갈 듯한 센 제주 바람을 때려 감정 찌꺼기를 벗겨내 버리신다. 한낮엔 뜨거운 햇살로 마사지해 감정의 때를 땀으로 배설시켜 주신다.

제주 하늘과 날씨를 열어 준 설문대 할망께 너무 고마워 조금이나마 보은키 위해 첫 완주 후 한동안은 혼자 21코스의 쓰레기를 줍고 다녔다. 이러고 다니는 모습 나도 신기하다. 부끄러운 얘기지만 장교 후보생 양성교육 시절. 유격 행군 때 낙오했었다. 쪽팔려 복귀 행군은 성공했지만. 군 시절 그렇게 걷기 싫어하던 놈이 걷기 중독된 걸 보고 같이 근무한 사람들은 신기한 표정을 짓는다.

내 올레 신조다.

무사 경 조들암시니. 올레질로 도망하라게!
(왜 그리 걱정이냐? 올레길로 도망해!)

나는 이렇다. 스트레스와 감정 찌꺼기 털어내려고 올레길 걷는다. 내가 살아야 돈도 계속해 벌고 은퇴 후 편안한 삶이 보장 된다.

대표들 보면 불쌍하다. 쉴 생각 없이 언제나 일 속에 묻혀 산다. 미안한 얘기지만 그런 무식한 짓거리가 당신의 건강을 해치고 결국 회사도 흔들~ 하게 만드는 걸 모른다. 제발 쉬고, 체력 보충하며 일하시라. 목숨 걸고 일궈낸 당신 회사. 직원이 최소 30명을 넘기 시작하면 일주일 정도는 당신 없어도 안 망한다. 이것보다 인원 더 작다고 해 '쉬면 안 된다' 역시 안 된다. 일주일 중 하루는 꼭 쉬시라. 인터넷서 본 명언 있다. '뇌가 쉬어야 내가 쉬는 것.' 머릿 속에 스트레스 꽉 꽉 채우고 퇴근 후 운동도 안 하면서 무슨 성공을 향해 뛰는가? 무식하고 미련한 행태다.

나도 죽을 뻔한 경험이 있다. 2018년 아이스크림 가게를 할 때다. 주변 가게들과의 치열한 전투와 본업인 홍보 대행을 계속하다 보니 몸이 이상하다 느껴졌다. 4월 잠시 짬 내 제주로 도망. 세화리 레프트핸더 게스트 하우스로 들어갔다. 길도 안 걸었다. 잠만 자고 가벼운 산책만 했다. 판문점 정상회담을 쥔장과 같이 보며 둘이 '백두산 쓰레기 주우러 갈' 궁리하고 있었다.

귀가 하루 전날, 고3 이후 처음으로 코피가 터졌다. 오랜만에 맞이(?)해 그러려니 하며 휴지로 쑤셔 막는데, 멈추지 않았다. 계속 흘러내려서 코로 쿵쿵거리며 목으로 넘겨서 입으로 뱉어냈다. 누우면 침대에 코피 번질까 봐 앉아 벽에 기대 있었다. 오후 4시부터 다음 날 아침 6시 반까지 대략 11시간 반 동안 계속해 코피를 '토해' 냈다. 한숨도 못 잤다. 결국 쥔장께 부탁해 제주시에 있는 한라병원 응급실 찾았다. 엥? 들어가니 이비인후과가 없었다. 간략히 코 틀어막고 택시 잡아타 노형동에 있는 이비인후과를 찾아 레이저로 지져 겨우 막았다. 원장은 항공편 바꾸랬지만 그날 저녁 사촌 여동생들과의 약속과 고양이를 챙겨야 해 억지로 돌아왔다.

'이러다 죽을 수도 있겠다'란 느낌, 태어나 처음이었다.

'무능한 지휘관은 적보다 무섭다'는 군에서 쓰이는 격언 중 격언이다. 쉬어야 다음 전투도 잘 할 수 있는 것은 상식이다. 이를 잘 실천하는 지휘관들은 전투 휴무도 잘 챙긴다. 덕분에 부대는 사고 나지 않고 언제나 최고의 전투력을 유지 할 수 있다. 전방서 모셨던 평생 스승이신 대대장님. 이분은 대대 간부는 물론 병사들의 휴가와 휴무를 잘 챙기셨다. 훈련 후 전투 휴무는 기본. 대대원들과 간부들에게 '전투 휴무'를 언제나 강조하셨고 지시하셨다.

잊지 말자. 쉬어야 산다.

방송에 자주 나타나는(?) 심리학자 김정운 교수. '여러가지문제 연구소' 소장 하시며 여러 책을 저술하셨다. 〈힐링캠프〉에 출연했을 땐 제동이 형의 마이크와 야구 방망이를 보고 "성적인 억압을 당하고 있다"고 해 뒤집은(?) 적 있다.

난 김정운 교수의 저술 중 이 책은 꼭 보라 권한다.《노는 만큼 성공한다》. 제목부터 예술이다. 부연 설명은 더 예술이다. '뛰는 놈 위에 나는 놈 있고, 나는 놈 위에 노는 놈 있다' 단순히 노는 것 아니라 전반적인 사람의 심리를 짚고 있어 대표들에게 권하는 책 중 하나다.

다시 한번 물어보겠다. 지금 당신은 왜 사업을 하며 돈을 벌고 있는가? 경제적 자유 실현과 잘 먹고 잘살고 잘 놀려고 하는 것 아닌가? 만약 대표 당신은 아니라고 할지 몰라도 직원, 동료들은 그렇다. 놀 궁리를 해야 일도 잘된다. 일 잘 하는 유능한 직원들 유심히 살펴

보자. 휴가 임박하면 회사에서 전화 안 받으려 일 깔끔히 처리한다. 일 못하는 직원은 절대 그렇게 못 한다. 떠났는데 전화 걸게 만든 직원은 고민하시라. 일 잘하는 친구는 휴가 전에 휴가 복귀 후 어떤 것부터 할지 미리 준비해 놓는다.

대표들께 부탁드린다. 아니 강요한다. '내가 살아야 회사도 산다'는 생각으로 반드시 휴식을 가지시라. 빌 게이츠처럼 휴가 때 책 수십 권 들고 어디 들어앉아 머리를 식히든지. 골프를 좋아하면 골프 치든지. 여기까지 읽었으면 당장 달력부터 펼치시라. 누구와의 미팅. 누구와 점심. 그중 우선 순위를 정해 당장 한 달 뒤 해도 늦지 않은 건 미루고 휴가 날짜부터 잡으시라.

대표들께 고함

올레꾼이 제주 여행 팁 알려 드린다. 계절은 한여름, 한겨울 피하시길 추천 드린다. 여름은 습하고 무지 덥다. 또, '성수기'라 항공권도 비싸다. 겨울은 세찬 바람 장난 아니다. 겨울 한라산이나 겨울 제주란 목적 없다면 피하는 게 좋다. 바람에 가발 날아가는 거 많이 봤다.나보고 추천하라면 5월~6월, 9월~10월이다. 6월, 9월은 바닷가서 수영할 수도 있다.

렌트보다 대중교통이 최고다. 웬만한 유명한 곳은 20분마다 버스 지나간다. 공항서는 15분 간격으로 제주 주요 관광지로 가는 급행 버스 있다. 택시도 예술. 휴대폰 터지는 곳이면 오름에서 불러도 나타난다. 인원 많아 렌트 할 거면 전기차가 낫다. 기름값은 서울 강남보다 비싸다. 참고로 제주 물가는 장난 아니니 단단히 각오 하시길. 육지보다 싼 건 '삼다수' 밖에 없다.

제주는 시골이다. 이른바 '제주 시간', '제주 타임'이란 게 있다. 식당은 해장국집을 시작으로 새벽 6시부터 시작한다. 해장국집은 보통 오후 2시 영업 종료한다. 제주시나 서귀포시 아랑조을 맛거리, 중문 단지 일부 빼곤 대부분의 식당은 거의 저녁 8시면 끝이다. 도심 지역을 벗어나면 일반 식당은 오후 7시면 문 닫는다. 식당 가면 '사장님', '이모'보단 '삼춘(삼촌 아님)'이라 해 보시길. 왜인지는 '괸당'으로 검색하시라.

제주 입도했다고 무식하게 모든 곳을 다 다닐 거란 생각은 애초에 버려야 한다. 제주는 동서남북 느낌 다르고 크다. 2박 3일 기준으로 간다면, 북쪽 '제주시 권역', 남쪽 '서귀포시 권역', 동쪽 '월정리, 세화리, 성산리 권역', 서쪽 '애월, 협재, 한림 권역'. 이렇게 '동서남북'으로 나눠 다니는 게 더 잘 보고 즐길 수 있다. 무식하게 제주 공항 도착해 월정리(동쪽) 찍고 서귀포(남쪽) 갔다가 산방산(남남서쪽) 들러 놀이기구에 말 탄 뒤 애월(서쪽) 해안 카페 간다고 돌아다니면 기름값만 제대로 깨지고 피곤하기만 하다. 동서남북 나눠 그 동네만 봐도 이쁘다. 못 가본 곳은 제주도가 어디로 도망 안 가니 다음에 가면 된다.

입도 1일 차 숙소는 풀빌라, 호텔, 콘도 같은 요란 뻑적지근한 곳 보다 '주 숙소(?)'

에서 도보로 15분. 차로 10분 떨어진' 올레길이 주변에 있는 한적한 게스트 하우스를 추천한다. 제주서 뭐 해야 할지 모르는 초보면 더더욱 이러는 것이 좋다. 사람 많으면 가족실 같은 큰 방 잡으면 된다. 숙박 앱 뒤지면 금방 나온다. 게스트 하우스는 여러 목적(올레길, 자전거, 오토바이, 그냥 도보 여행, 한라산 등등)을 가진 사람들이 모여 있어 알짜 정보를 많이 얻을 수 있다. 주인들은 주변 꿰찬 선수다. 여기에 제주 관당 삼춘이면 뭐라도 하나 더 얻어먹게 도와준다.

결정적으로… 식당이나 숙소, 올레길 주변에서 '올레꾼'들을 목격, 조우할 때 있다. 그러면 납치, 감금, 협박도 불사할 태세로 그 사람들에게 잘 보이고 이것저것 물어 보시라. 올레꾼들 중 선수들은 금방 티 난다. 구체적으로 묘사하긴 힘들지만 누가 봐도 올레꾼이다. 올레꾼들은 걸어서 제주 돌아 댕기는 '일반인들 기준'으로 보면 미친 짓 하는 사람들이다. 스스로 '올레꾼'이라 할 정도면 제주 웬만한 곳은 걸어서 모두 둘러본 사람들이다. 완주했는데도 계속해 또 걷는 당신들이 언뜻 이해하기 힘든 정신세계 소유자들이다. 그들이 가진 정보 어마어마하다. 당신이 생각하는 것 이상이다. 아니. 거의 준 관당들이다.

나도 올레꾼이니 예 하나 들어 드린다. 서귀포 '아랑조을 맛거리'에는 '우리집 흑돼지' 식당 있다. 이 책 읽으신 분은 그 집 여자 주인 삼춘과 민중각 게스트 하우스 사장님 만나시면 내 이름 파셔도 된다. 그 집에서 내 이름 팔면 뭐라도 하나 더 얻어먹을 수 있다. 두 분은 부부에 서귀포 분들이다. 또, 제주 올레길 조성 처음부터 같이 하신 산증인들이다. 이것저것 물어보면 수많은 제주 정보를 얻어 갈 수 있다. 더 궁금하면 만날 때 물어보시길. 걸어 올라가는 것은 싫은데 제주 풍경 다 보고 싶은 사람은 서쪽의 '문도지 오름' 검색해 올라가시라. 발밑에 펼쳐진 곶자왈부터 등 뒤로는 제주 서쪽 바다 등등…. 왜 그런지는 가보면 안다.

참고로 난 수십번 입도했어도 한라산 한 번도 올라가지 않았다.

'한라산은 먹고 마시는 것.'

지금 육지로 잠시 올라와 사업 중인 평생 올레꾼, 레프트핸더 게스트 하우스 쥔 장 민광기 대표가 앞집 하루방께 듣고 실천하는 격언이다. 나도 열심히 따르며 실천 중이다. 우리 둘 만나면…. (이하 생략.)

비워야 채운다

이 말 처음 접하는 순간, 머릿속이 텅 비는 것 같은 깨달음 아닌 깨달음을 얻었다. 2011년 2월로 기억한다. 〈다큐멘터리 3일〉 백담사 편. 템플스테이 하는 여러 사람 중에 책 잔뜩 싸 들고 와서 책만 읽는 벤처기업 대표가 있었다. 찾은 이유를 묻자, 한때 사업이 마음 대로 안 돼 너무 스트레스를 받았다는 얘기부터 꺼냈다. 그때 밑져야 본전이라는 생각에 백담사를 찾았는데, 한 스님이 "비워야 채운다" 라고 말씀하셨고, 크게 깨달았다는 것이다.

맞다. 너무나 맞는 말이다.

이 방송 볼 때 당시 나는 사장에게 내놓은 자식 취급 받으며 회사 다니고 있었다. 퇴근이 스트레스였을 때다. 눈 뜨면 어쩔 수 없이 출근해야겠다 생각 들지만, 퇴근할 때는 '내일 또 저 사람 얼굴 봐야해?'란 생각에 미칠 지경이었다. 극심한 불면증과 두통을 달고 살았다. 스트레스를 비우지 못해 마음과 감정, 정신 상태는 썩는 것을 넘어 100년 묵은 똥통 같았다. 방송을 보고 일주일 동안 궁리에 들어갔다. 어떻게 감정의 화장실 비워야 하는지를 찾았다. 조금씩 마음을 다잡기 시작했다.

말 그대로다. 비워야 채운다. 잘 먹고 잘 싸야 더 맛있는 음식을 먹을 수 있다. 이 말은 스트레스나 정신 건강에만 국한되지 않는다. 경영과 회사 운영 전반에도 쓰여야 하는 말이다.

마케팅 부분에서 언급했듯이 오래되고 낡은 방식은 비워야 한다. 그래야 시대와 고객들에게 맞는 새로운 방식이 채워져 더 좋은 실적을 거둘 수가 있다. 일 못하거나 궁합이 맞지 않는 직원은 1년 지나면 좋게 권유해 조직 밖으로 보내야 한다. 궁합 안 맞는 직원을 비우면 당신과 잘 맞는 새로운 젊은 피가 조직을 채울 수 있다.

반대로 꼭 데리고 있고 싶은 직원이라도 당신의 그릇이나 능력이 작거나, 그 직원이 달릴 수 있는 큰 초원과 놀이터를 만들어 주지 못하면 큰 곳으로 보내는 게 현명하다. 그러면 당신에게 고마움을 가지고 언젠간 더 뛰어난 실력을 장착해 돌아올 것이다.

노랑이, 수전노, 스크루지 마냥 돈을 마냥 쌓아만 두지 말고 직원들에게 성과급이나 연봉 인상으로 비우시라. 그럴수록 회사에서 돈 많이 뜯어내려(?) 더 열심히 일하게 된다. 이는 높은 매출로 몇 배 커져 돌아 오게 된다.

만약 한동안 친하게 지냈던 부하 직원이 결혼하면 최대한 빨리 퇴근 시켜라. 뭐 그리 좋다고 신혼인데 붙잡고 일 시키나? 결혼하면 직원은 부인·남편의 소유지, 당신 것 아니다.

대표가 비워야 할 꼭 비울 '고집'을 콕 짚으라고 내게 물어보면 자신의 종교나 의지를 강요하는 것이다. 종교는 굳이 말 안 해도 알 것이다. 당신의 의지는 절대 강요해선 안 된다. 직원들을 워크숍이나 심할 경우 해병대 캠프에 몰아넣으며 '주인 정신' 강요하는 업주 있으면 미친다. 이 무슨 만행인지. 직원은 절대 주인도 아니고 그런 주인 의식을 가질 수도 없다. 일하다 보면 책임감이 생기고 조직과 대표에게 인정받으면서 '소속감'이 생길 뿐이다. 그런데 무슨 주인 의식을 심어 주겠다고 난리인지…. 그딴 짓 하면 배신자 돼 나갈 궁리만 하게 된다. 백종원 대표가 프랜차이즈 예비 창업주들에게 강의한 동영상이 있다. 꼭 보시라. "어떻게 해야 직원들이 주인 의식을 가질 수 있는가?"라는 질문에 그는 단호히 말한다. "없어요."

잘난 척, 아는 척, 유식한 척, 있는 척. 이 '척척척'도 비워야 한다. M사 다닐 때다. 어느 날 갑자기 사장이 팀장들 몽땅 끌고 파주로 쓸데없는 워크숍 갔다. 내용도 뻔했다. 조 나눠 '회사 발전 방향' 발표한 뒤 진탕 술만 마시는 비생산적 행위가 전부였다. 술 마시면서 혈중 알콜 농도가 높아지자 사장의 발언 위험 수위도 점점 높아졌다. 말도 안 되는 가짜 지식의 향연 펼치며 평소 맘에 안 들어 하던 팀장들에게 면박을 주기 시작했다. 얼큰하게 취하기 시작했던 나를 포함한 팀장 절반은 그냥 숙소로 들어갔다.

다음 날 아침, 숙취에 혈중 알코올 농도가 여전한 사장과 나를 비롯한 몇몇 팀장이 어쩌다 같이 있게 됐다. 숙소인 파주 지지향紙之鄕을 사장은 '종이의 향기'라며 "얼마나 좋은 향이냐"란 발언을 했다. 종이의 고향은 졸지에 향나무 같은 신세가 돼 버렸다. 입 다물고 있든지, 나중에 슬쩍 알려 줬어야 했는데, 술 덜 깨고 처세술도 부족했던 30대 중반의 내 입에서는 곧바로 "종이의 고향인데요. 사장님 잘못 해석하셨는데요"라는 말이 나왔다. 사장도 "아, 그러냐?"라고 하면 되는 걸 아니라고 박박 우겼다. 결국 옥편까지 찾아 보여 주며 다른 몇몇 팀장들 앞에서 '확인 사살'해 드렸다. 이러니 내가 미운털 박혔지. 아무렴.

무식한 게 죄가 아니라, 알려고 하지 않는 게 죄라는 말 있다. 난 한술 더 떠서 이렇게 말한다. '쥐뿔도 모르면서 아는 척하는 것이야말로 이완용 동생이다.' 부탁인데, 모르면서 알고 있는 '척'은 제발 비우시라.

비움이야말로 더 큰 것 채울 수 있는 대표들이 가져야 할 미덕이다.
당신과 회사 좀먹는 스트레스, 감정의 찌꺼기, 고집들 배출해야 더 큰 부와 명성을 채울 수 있다.
부탁한다. 제발 비우시라.

혼자 스트레스 비우기 힘들다면 상담도 강력히 추천해 드린다. 일반 상담사를 찾아도 좋고, 정신과 전문의도 좋다. 나도 스트레스 제대로 받거나 말도 안 되는 억지를 당하면 정신과 찾아 상담을 받는다. 딴 건 몰라도 말 못 하는 것들을 다 토해내며 말하면 일단 속은 후련하다.

전 국무총리 고건 씨가 서울시장 재직 시절, 토요일 오후에 짬 내 민원인들을 직접 만난 것은 유명 일화다. 이런 이유를 묻자, "시장을 만나 말이라도 퍼붓고 가면 속이라도 시원해하니 그러면 민원도 해결이 쉬워진다"고 답했다. 당신이 답답한데 직원들에게 약한 모습 안 보이려고 겉으로는 태평한 척하면서 속으로 끙끙 앓으면 결국 조직도 똑같아진다. 감정 배설은 반드시 하자. 발전을 가로막는 스트레스와 모든 것들은 비워야 한다. 그래야 좋은 것을 채울 수 있다.

JTBC 예능 〈최강야구〉에서 회식 때 투수 송승준이 포수 이홍구의 입스(압박 상황에서 일어나는 어처구니없는 실수)를 조언해 주는 장면이 있다.

이홍구 : 상담 받으면 도움이 될까요?

송승준 : 뭐가? 입스? 상담을 니가 받아들이면 도움이 되는 거고, '나는 저런 마음이 아닌데' 하면 도움이 안 돼. 야구도 그렇고 모든 인생 사는 게 그렇다. 한꺼번에 뭐가 좋아지려면 더 역효과가 난다. 하나의 소득이라도 니가 얻으면 그걸로 만족하고 뭐라도 하고. 그다음 걸 와서 또 하나의 소득을 또 그걸 만족해서 하고. 그게 쌓여서 만족감이 돼. 단 시간에 한꺼번에 해결을 하려고 하지 마라. 단시간에 해결할 수 있는 일은 이 세상에 없다.

멘토는 많이,
술 친구는 필수!

내 '인생 최대의 멘토', '존경하는 분'은 함자衡字로 유병학兪炳學 쓰셨던 돌아가신 우리 할아버지다. 노무현 대통령, 백범 김구 선생보다 앞이다. 무조건 1위다. 교과서에 나올 만한 딱 그런 분이다. 한 집안의 어른이시자 장손으로, 또 한 집의 가장으로, 한 부인의 남편으로, 네 자녀의 아버지로, 다섯 손녀·손자의 할아버지로. 이 모든 무거운 짐을 이고, 지고, 메고, 들고, 업고, 안고, 쥐고 97년을 사셨다. 우리 할아버지만큼 살 수 있을까 하는 게 지천명 앞둔 요즘 내 스스로가 하는 질문이다.

손자와 정반대의 성품이셨던 할아버지는 과묵하셨다. 나불대는 게 특기인 허름한 손자는 이것도 닮지 못했다. 과묵하셨던 할아버지의 말씀 중 사업·경영에 꼭 필요한 말씀 하나는 지금도 심장 깊숙한 곳과 큰 대가리 속에 항상 품고 다닌다.

1998년, 흩어졌던 조상님들 유해를 모아 선산을 조성했다. 그때 고향에서 일꾼으로 할아버지 동네 동생들께서 오셨다. 자손들이 그 분들의 일당을 챙겨 드렸다. 일 거의 끝내갈 무렵 할아버지는 당신이 고물 리어카 끌고 다니며 모으신 만 원짜리 몇 장을 꺼내 그분들께 건네셨다. 자손들이 안 줘도 된다, 괜찮다 말씀드리자, 할아버지께서는 이러셨다.

"내 일 해 주는 사람 섭섭하게 하면 안 뎌."

여유와 위트, 재치는 이분의 큰딸인 큰고모(2020년에 당신 아버지 곁으로 가셨다.)다. 집안 최고의 말발로 일가친척을 웃기며 움직이게 만드셨다. 큰고모는 2002년에 고모부와 육지 생활을 정리한 후 제주 한림으로 귀농해 귤 농사를 지으셨다. 가끔 태풍이 제주 휩쓸었다는 소식을 접하면 걱정돼 전화를 드렸다. 그때마다 큰고모는 걱정 말라며 조카를 웃기셨다. "뭐, 귤나무 좀 부러지고, 하우스 좀 날아가고. 뭐, 어떡하냐. 날아간 거 주우러 갈 수도 없고, 부러진 건 본드로 붙일 수도 없으니 불이나 때야지, 뭐~" 하셨다. 해수욕장 언제 가시냐는 질문엔 "우리는 밤에 협재 해수욕장 가서 수영한다"고 하셨다. 이유를 여쭤보니 낮에는 사람 많다는 얘기에 덧붙여 "우리는 몸매가 안 되니 민폐"라는 농담으로 뒤집어 놓으신 적도 있다.

사업가, 대표에겐 멘토가 필요하다. 성공한 위치에 있는 CEO들은 멘토들이 있다. 이들의 공통점은 '딱 한 명' 아닌 '여러 명'. 여기에 더해 사람뿐만 아니라 책과 방송 등 수많은 방식으로 멘토를 찾는 '잡식성'도 있다. 또, 딱 하나만 보고 따라가는 것이 아니라 수많은 분야와 상황, 해결책과 대응 방안에 맞는 걸 보고 배우고 자기 방식으로 발전시킨다. 성동일 배우가 이 명제에 맞는다고 생각한다. 〈대화의 희열〉에 나와 본인이 알고 있는 수많은 직업, 지역의 인맥을 연기 때 끄집어내 캐릭터로 쓴다고 했다. 이렇게 연기하면 그 캐릭터인 사람이 '연기하며 왜 내 흉내냐'고 연락한다고.

이런 것처럼 나의 돈 버는 생각과 의지는 동일이형(된다면 만나서 한 잔 드리고 이렇게 하고 싶다. 인천 사시니 부천 사는 나와 그리 멀지도 않은데…)이 내 멘토다. 힘들고 어렵게 살았던 젊은 날. 그리고 아이들과 가족들 위하는 것 보고 많이 배웠다. 예능에서 '일 끊겨봐 동일이형은 쉬지 않는다'라는 말 나온적 있다. 나도 그렇다. 망해봐서 지금도 눈에 불 키고 영업 다닌다.

멘토들을 어떻게 찾느냐가 골치일 수도 있다. 쉽게 생각하자. 당신이 만나고 싶은 사람을 SNS에서 찾으면 나온다. 아니면 공개된 이메일도 있을 것이다. 그렇게 해 만남을 시작하자. 처음부터 다짜고자 "도와주십쇼" 하는 건 무조건 금물. 흡사 소개팅 나가자마자 "결혼합시다"라고 하는 것과 동급의 미친 짓이다. 관심과 지지를 보이며 하나씩 물어보다가 한번 만나고 싶다고 하면 거절할 사람은 없을 것이다. 그렇다고 또, 처음 만나면서 "도와주십쇼"부터 말하는 건 '미친

짓 Vol.2'다. 친해지는 게 우선이다.

하나 더 주의할 것은 당신이 만든 캐릭터에 그 사람을 끼워 맞추면 안 된다는 것이다. 그 사람은 자기만의 인생 방식과 생활 습관이 있다. '내가 아는 저 사람은 이럴 것이다'라며 어릴 적 책에서 본 '내 멘토는 퇴계 이황 같은 위인' 같은 틀을 만들어 놓고 친하지도 않은 사람을 거기에 맞추려는 사람들 있다. 이건 멘토를 만나는 태도가 아니라 '스토킹'이다. 이러면 신고당한다.

이도 저도 아니면 책이다. 매우 경제적이면서도 효과는 크다. 내가 책 써서가 아니다. 저자들이 책 한 권 쓰려면 '최소' 30권의 또 다른 양서를 접해야 한다. 그렇다고 '자기계발서'를 쓰면서 같은 장르만 보는 무식한 짓은 30대의 덜떨어졌던 내가 했던 짓이다. 선수들은 그렇지 않다. 성공한 사람들의 집을 찾아 서재를 가보면 '보여 주기식' 전집 세트보다 낱권의 다양한 책들이 꽂혀 있다. 만화책부터 소설 등 수많은 분야가 포진해 있다. 나도 궁금한 것이 있으면 지금도 예전에 본 구절을 찾으려 책장 뒤적거린다.

내가 이렇게 이야기하는 이유가 있다. 막힐 때 모범 답안을 찾으려 서재서 책 뒤적이면, 이상한 기분이 든다. 이상한 정신 머리여서 그런가? 흡사 서부 영화에 자주 등장하는 '모닥불 옆 야영 장면'이 떠오른다. 서재에 있는 책 속의 수많은 캐릭터와 등장인물들이 내 머릿속에 펼쳐진 모닥불에서 이런저런 대화를 나누는 느낌이다. 그들은 나를 위해 자신의 대사를 상황에 맞게 말한다. 예를 들어 꼴 보기 싫지만 만날 수밖에 없는 사람이 "야, 술 사야지!" 하면 전쟁 소설《505 특전대》1권에서 주인공이 말한 문장을 생각하며 스트레스를 푼다.

"나중에 대전 가면 뭐 맛있는 거 대접해 주냐?"
"그걸 말이라고 하십니까? 당연히 풀코스로 모셔야죠."

지금도 마찬가지지만 별로 마주치고 싶지 않은 저 얼굴이 내가 제대한 후에도 찾아온다면… 당연히 풀코스로 모셔야지. 깡소주하고 깡소주하고 깡소주로.

tvN 교양 방송 중 〈벌거벗은 세계사〉가 있다. 이탈리아 마피아 편. 범죄만 저지르다 사업의 탈을 쓰며 계속해 변신 중인 마피아가 매우 인상적이었다. 내 책장엔 마피아 책도 2권 꽂혀 있다.《거절할 수 없는 제안을 하라》,《마피아의 실전 경영학》. 이 책들을 보며 도움 많이 받았다.

결정적으로 책이 좋은 것은 바로 '최고의 수면제'다. 앞서 언급한 '사장병'의 가장 힘든 증상은 '불면증'이다. 번역청의 필요를 지금도 역설 중이신 학부 때 은사님이신 서양사 박상익 교수님은 '제대로 번역되지 않은 책은 인류의 적'이라 말씀하신 적 있다. 이런 책들은 여러 용도로 쓸모(?) 있다. 먼저 오역은 둘째치고 번역자가 제대로 이해하지 못해 끄적댄 책은 최고의 수면제다. 보다 보면 머리 아프다.

이해도 안 돼 잠시 후 졸음이 몰려온다. 2009년에 산 MBA 어쩌고 한 책은 2/3에서 멈춰 있다. 아마 수면제로 평생 사용될 듯싶다. 또, '골탕 먹이기' 용도로 매우 훌륭한 임무를 수행한다. '한국경제가 한국일보꺼냐'며 천진난만하게 무식을 자랑한 사장의 동생인 이사. 책 읽지도 않을 거면서 나만 보면 책 달라 나리였다. 한번은 '빌려 간다'고 하곤 그대로 먹어버린 적도 있다. 월급도 더 많이 받으며 사주진 못할망정 맨날 가져갈 생각만 했다. 계속해 〈톡파원 25시〉마냥 '나 줘' 하길래 어려운 번역서 하나 줬다. 일주일 뒤 술자리에서 '그 책 잘 보셨죠?'라고 하니 두 번 다시 책 얘기 안꺼냈다.

책도 귀찮으면 교양 프로그램이나 예능 프로그램처럼 많은 캐릭터가 나오는 방송도 좋다. 주구장창 이야기하는 드라마 〈상도〉를 비롯해 많은 교양, 예능 프로그램을 다운받아 꺼내 본다. 많은 방송 중 내 '최애最愛'는 〈알쓸신잡〉과 〈삼시세끼〉다. 베어 그릴스에게 벌레가 훌륭한 단백질 공급원이듯 〈알쓸신잡〉은 잡썰 신봉자인 내게 매우 좋은 단백질 공급원이다. 그걸 보고 또 다른 잡썰을 찾아 나선다. 또, 직업이 직업이다 보니 보도자료 쓸 때 잡썰은 큰 도움이다. 직접 만난 적은 없지만 나의 '멘토'인 그들을 보며 다듬고 갈아 나간다. 〈삼시세끼〉는 내 스트레스를 풀어 주는 안방 1등 공신이다. 그나저나, 〈스페인 하숙〉서 봤던 산티아고 순례길을 빨리 가 봐야 할 텐데….

여기에 더해 나는 대표들에게 꼭 '술친구'는 돼야 한다고 '강요'한다. 술친구야말로 대표들 옆에 반드시 있어야 할 존재다. 내가 술 좋아해 그런지도 모르겠다. 군 선배 한 명은 내가 술 먹는 것 보고 "야, 너 이름 가운데가 술 주(酒)자냐?"고 한 적도 있을 정도다.

술친구는 기필코, 반드시, 꼭 필요하다. 술친구와 함께라면 '인류 최대 공공의 적'인 경쟁사와 말 안 듣는 직원들을 안주로 만들어 스트레스를 풀 수 있다. 답답한 마음 풀고, 잠깐 주머니 사정이 좋지 않으면 술값도 대신 내준다. "나 술 안 먹는데요?"라고 단세포적인 질문 마시라. 술 마시지 않는다면 커피나 차 한잔으로 마음 달래 줄 '차담茶啖 친구' 만들면 된다.

대학 1학년 때, 선배 덕분에 알게 된 다른 과 선배가 있다. 지금은 친형 수준이다. 이 형은 대한민국 언론의 돌아가는 생리와 무슨 일 있는지 다 안다. 첫 책이 나온 뒤, 독자들에게 많은 메일을 받았다. 그중엔 책은 잘 봤는데, 맞춤법이 틀렸다며 네이버 사전으로 단어 잘못 썼다고 친히 교정과 함께 '관종(관심 종자)'이라는 비아냥 섞인 메일을 받은 적도 있었다. 처음엔 웃었다.

이 책도 마찬가지지만, 책 쓰다 보면 글맛이라는 게 있다. 문장과 상황, 예시에 따라 거친 표현이나 속어, 한자, 사투리도 포함시킨다. 보도자료 쓰면서 맞춤법에 파묻혀 사는데 맞춤법이라⋯. 뭐 '무플보단 악플'이니 내 책 봐준 게 고마웠다. 하지만, 사람인지라 서운한게 사실. 형과 술 한잔하며 이 얘기하니 "내버려 둬. 넌 네이버 사전 아니라 국립국어원 사전 보며 글 쓰잖아. 그런 사람은 책도 써 본 적 없을 거고 자기 글도 없을 거야"라며 위로해 줬다. 둘 다 시키면 수컷이라 겉으로는 툴툴대지만 서로 고마운 존재란 걸 알고 있다. 이 형 외에도 업계 동료와 언론인, 내 항렬 작은집 동생들도 고마운 술친구들이다. 힘들 때 격려해 주고 열받는 일 있으면 같이 분개해 준다. 이들과 술자리 가지고 나면 내가 그리 나쁘게 살지 않았다 생각된다.

그리고 나는 지금도 이들과 한잔 할 술값 버는 데 가열찬 노력 중이다.

대표들께 고함

멘토가 생기면 제대로 된 질문을 해야 한다. 물론 '우문현답愚問賢答'도 있을 수 있지만, 질문이 제대로 돼야 모범 답안을 받을 수 있다. 밀가루를 줘야 수제비든 칼국수든 만들어 내 줄 수 있다. 소금 주고는 칼국수 만들어 달라고 하면 미친놈 소리 듣는다.

제대로 된 모범 답안, 근사치를 얻으려면 "어떻게 해야 매출이 오를까요?"와 같은 뜬금포를 날려선 안 된다.

"지금 직원 두 명이 광고와 영업에 주력 중이다. 한 달에 얼마를 검색 광고에 쓰고 있다. 좀 더 효과적인 방안이 있으면 알려달라."

"현재 서비스는 A, B, C 세 개를 제공 중이다. 신규 서비스 중 지금 하는 것과 동반상승을 얻을 수 있는 아이디어 두 개만 추천해 달라."

이처럼 질문도 제대로 해야 한다.

멘토를 만나거나 멘토링 받을 때 결정적인 두 가지의 중요사항을 짚으면 아래와 같다.

✔️ 멘토를 만났을 때 다짜고짜 '며칠 전 맡겨 놓은 거 내놓아라'는 식으로 행동하면 안 된다. 이는 비용을 지불하는 멘토링이나 컨설팅에만 요구하라. 당신이 만나자고 해 나타난 사람과 멘토는 절대 당신에게 그럴 의무가 없다. 어렵게 만난 사람에게 나쁜 기억만 심는다. 이는 앞서 말한 '브랜드가 돈'으로 곧바로 이어진다.

✔️ 책 봤다고 그대로 따라 하지 마라. 그건 저자가 쓴 그 사람의 방법이다. 따라하더라도 당신의 상황과 여건에 맞게 수정·보완·발전시켜야 한다. 무협지서 '장풍' 쏘는 법 보고 배웠다고 현실에서 장풍 쏠 수 있다 믿나? 믿는다면 책 보고 정신병원 알아보는 게 더욱 건설적일 것이다.

노는 것도 투자다

앞서 말했지만, 내 인생의 낙은 딱 두 가지다. 하나는 올레길 걷는 것. 다른 하나는 집에서 고양이들에게 시달리는 것이다. 쓸데없는 얘기 하나 풀겠다. 세 번의 연애 실패. 영화에서나 볼 법한 상황을 겪었다. 이젠 장가는 '절대 못 가려' 노력 중이다. 이런 결론을 내린 건 연애를 하며 생기는 것에 더 이상 감성, 감정을 소비하고 싶지 않아서다.

남은 인생은 연애란 쓸데없는 감정에 허비치 않고 혼자 즐기는 데 혼신의 노력 기울일 거다. 삼시세끼 정선편 두 번째 시즌에서 이서진은 이런 말 한다.

"지금까지 살아온 날보다 앞으로 살아갈 날이 더 적다."

나 같은 놈도 이 말 듣고 여러 생각이 나는데, 인생 선배들은 어떠실까?

어떤 사장들 보면 세상 큰 짐을 혼자 이고, 지고, 메고, 들고, 업고, 안고, 쥐고 간다. '노세 노세 젊어서 놀아'는 아녀도 왜 그렇게 일하는지 스스로 깨우쳐야 하는데, 그러질 못한다. 그걸 알 때쯤 되면 건강이 나빠지든지 아니면 가족들이나 사랑하는 사람들이 등을 돌린 뒤다. 이것도 아니면 친구, 친척, 회사 동료 등등…. 그들은 다른 이들과 시간을 더 즐기고 있어 당신과 놀아 주지 않을 것이다.

노는 것도 투자다.

비워야 채우듯 쉬어야 된다. 치열한 경영, 마케팅 현장서 지내는 당신. 작은 쉼터와 휴식을 찾는 것은 더 많은 실적과 경영 성과를 가져오는 투자다. 또, 아무것도 안 하고 맹하게 있는 것도 좋지만 벌어 놓은 돈 쓰다 보면 돈 버는 재미가 더 붙는다. 단, 펑펑 쓰지는 마시고~

시쳇말로, 똥개도 자기 집에서는 30% 먹고 들어간다는 말이 있다. 난 이 말을 휴식과 연관시켜 다르게 표현한다.

자기 스트레스 잘 푸는 방법만 알아도 매출이 30%는 더 생긴다.

내가 스트레스 풀고 살기 위해 올레길 걸을 때, '추가'하는 것 있다. 제주 막걸리와 한라산 소주다. 3박 4일 올레길 걷는 동안 하루 평균 제주 삼다수 3리터에 더해 한라산 2병, 제주 막걸리 네 통을 간에 저장한다. 하루 평균이다. 걸어서 그런지 말짱하다. 잠도 잘 오고 아침에 개운하게 일어난다. 이 사실 SNS에 올리면 당연히 수많은 반응 나온다. 그중 최고의 댓글은 '한라산 부스터 샷'이다. 일정 중 딱 한 번은 숙소 주변을 수소문해 거기서만 먹을 수 있는 좀 '되는' 음식 찾아 먹는다. 이렇게 제주를 다녀오면 교통비, 식대, 숙소 모두 포함해 '비싸야' 3박 4일 기준으로 15만 원이다. 15만 원 투자해 맑은 정신과 몸으로 더 많은 돈을 벌 수 있는데, 안 갈 이유가 없다.

여기서 끝이 아니다.

내 소비 성향과 일상생활, 제주 올레는 모두 촘촘하게 얽혀 있다. 내 이름으로 된 신용카드는 총 석 장. 예비용까지 내가 쓰는 두 장과 부모님들 쓰시라 보낸 한 장 해서 총 3장이다. 모두 '아시아나 마일리지' 카드다. 카드를 쓰면 전부 아시아나 마일리지로 적립된다. 생필품은 카드 추가 포인트가 적립되는 곳만 찾아 결제한다.

카드를 사용하며 모은 추가 포인트는 빚 갚을 때는 현금처럼 썼고, 지금은 아시아나 마일리지로 넘긴다. 현재 아시아나 마일리지는 12만이 쌓여 있다. 이 마일리지면 '김포↔제주' 열두 번 왕복이 가능하다. 하지만 요건 나중에 산티아고 순례길 갈 때 쓰려고 차곡차곡 모으고 있다. 1년에 제주 입도 여섯 번 중 세 번은 아시아나 마일리지를 쓰고, 세 번은 저비용 LCC 항공권 이용한다. 저비용 항공권은 출발 두 달 전에 옥션이나 지마켓서 뒤져 저가에 발권한다. 이 사실

모르는 사람들은 뻑하면 내가 올리는 제주 올레길 사진에 '좋겠다'는 비아냥이다.

스트레스를 푸는 주요한 소비 습관 중 하나는 1년에 딱 한 번, 지름신의 부름과 승은에 적극 따르는 것이다. 큰돈 들어가는 물건을 지른다. 2021년 연말, 30년 숙원 사업을 해결했다. 베레타, Mk-18 전동건 2정을 샀다. 총비용은 70만 원. 마침 자동차 동호회 회원이 그쪽 사업을 하고 있어 부탁해 질렀다.

음… 믿지 않겠지만 볼펜과 키보드, 종이와 전투 치르는 일명 '군부대 비디오 가게 사장'인 정훈공보장교치고 총 잘 쐈다. 후보생 때는 훈육대 상위 10% 안에 들었다. 현역 때도 '사격 있다' 소리만 들리면 수단과 방법 가리지 않고 쏘러 갔다. 영점도 안 잡힌 다른 간부들 K-1으로 표적 90% 명중시키면 다들 이상하게 쳐다봤다. 지금도 가끔 권총 사격하러 간다.

탄창에 실탄 장전 때 느껴지는 차가운 탄두의 느낌.
사격 후 총구서 올라오는 초연(硝煙)의 향.

전쟁소설《데프콘 : 한중전쟁》에 나온 한 캐릭터가 있다. 조향사調香士였던 프랑스 용병은 자기가 평생 찾아다녔던 피와 화약이 섞인 향을 드디어 찾고 죽는 장면이 있다. 나는 이 정도까진 아니고 사격 후 총에서 올라오는 초연硝煙이 그렇게 좋다. 이 욕구를 어느 정도 해

소하려고 총을 질렀다.

**정신과 몸의 회복으로 더욱 정력적인 벌이 가능한데,
투자 않을 이유가 없는 것이다.**

홍보쟁이로 24년 동안 일하며 체득한 것이 있다. 바로 '무엇을 상상하든 그 이상의 위기 상황은 반드시 온다'는 것이다. 길 걸을 때 갖가지 상황 머릿속으로 그리면서 혼자 시뮬레이션한다. 이러며 글쓰기도 머릿 속에서 시작한다. 손과 자판으로 쓰는 것 아니라 머릿속에서 수많은 궁리와 상상을 하며 글 쓰고 시뮬레이션을 한다. 업무 중 70%가 글쓰는 거에 위기상황 수습이 일인데 또 이런 것 생각한다고 하면 이상하게 보일 수도 있다.

마치, 군인이 서바이벌 게임으로 스트레스 푸는 것처럼. 하지만 이것조차 내겐 놀이다. 내게 닥칠 수 있는 수많은 상황을 머릿속에 가정하고, '이럴 땐 어떻게 해결하지?'로 궁리를 시작한다. 상황을 수십·수백 가지 가정하고 부여하며 해결책을 시뮬레이션한다. 이렇게 글과 단어를 만들고 상황을 그려가며 해결하는 상상을 계속한다. 궁리의 답은 걸으면서 완성시킨다. 이게 내겐 스트레스 푸는 행위이자 노는 것이다.

마지막으로 또 다른 의미의 '노는 것'도 있다. 충남 논산, 고향에 있는 선산 관리다. 지금 선산은 할아버지, 아버지 항렬 분들이 마련 하

섰다. 내가 집안 장손이다 보니, 우리 항렬 동생들과 같이 가능할 때까지는 관리해야 한다. '요즘 세상에 그런 게 어딨냐'고 하는 사람은 앞서 장례식 못 가게 한 그 회사 사장과 동급이다. 뭐라 하지 마시길. '가능할 때까지', '내가 최선을 다할 수 있을 때까지는' 할 것이다.

벌초와 한식, 성묘 등 작은집 동생들과 모여 노동하는 것도 나에겐 노는 것이다. 2022년 추석 전 벌초 때는 동생들과 제수씨들, 그 미니미(?)까지 모였다. 벌초 끝나고 저녁 겸 1차 때, 술김에 "1차는 내가 낸다"라고 말했다. 다들 한 번쯤 말릴 줄 알았는데… 서열 No.2 동생 놈이 곧바로 "와!! 다들 박수! 행님이 낸단다"로 경기 끝. 34만 원 나왔다. 겉으로 투덜댔지만 기분 나쁘지는 않았다. 같은 조상님께 물려받은 DNA와 같은 집안의 문화가 있어서 그런지 만나면 서로 머리 쥐어뜯으며 잘 논다. 내겐 이것도 유흥이고 놀이다. 이렇게 논산서 지지고 볶은 뒤 돌아오면, 돈을 더 열심히 벌어야겠다는 다짐이 선다.

대표님들아, 제발 부탁이다. 좀 놀고 다녀라.
그리고 놀 궁리 좀 하고 살아라.
전래 동화에 '놀고 게으르면 소 된다'란 말이 있다.
한번 그 짓 해 봤는데 소 안 되더라.
당신들 어릴 때 어른들에게 속은 거다.
눈치 좀 보지 말고 놀면서 쉬면서 다녀라.
단, 주변인들 입에서 '놀고 있네' 소리만 안 나오게.

다시 한 번,
망해 보니 알겠더라

천직. 자칭 날라리 PR 업자다. 홍보라는 내 직업의 업무 요소 중 최소 70%는 글쓰기다. 나름대로 글밥으로 살고 있다. 근데 이 직업은 '내 글이 없다'는 특이성이 있다. 군이면 '공보장교'. 정부 부처는 '공보관실', '대변인실'. 일반 기업들은 '홍보팀'. 대행사면 PR. 홍보라고 붙은 곳들에서 만들어진 글은 작성자인 PR 담당자의 것 아니다. 모두 보도용 자료와 각종 훈시문, 의식문으로 받아 활용하는 사람들의 글이다. 명연설문은 비서관의 것 아니라 대통령의 것이듯.

큰 뜻, 거창한 목표, 단순 취업 등. 어떤 목적이든 이 길로 들어선 후배들을 만나면 제일 먼저 의식부터 개조시킨다. '보도자료報道資料'와 '기사記事' 정확, 명확한 개념부터 '주입'한다. "때려죽여도 그건 네 글 아니니 어디 가서 절대 '기사'란 표현 쓰지 마라" 홍보 주체인 기업 담당자들도 '기사記事'라 표현하면 안 된다. 그런데, 아무 생각 없이 "이 기사 나가게 하세요"라 말한다. 무식의 최고봉은 "이 기사 올리세요"다. 죽으려고 작정한 거다. 안 된다 안내해도 이해 못하고 안 바꾼다.

이런 잘못된 것이 조직에 퍼지는 책임? 1차는 홍보팀, 나 같은 PR

업자가 있다면 그 사람들 책임이다. 하지만 최종 책임은 대표다. '홍보弘報' 업무를 회사 직원들이 이해할 수 있게 교육, 설명하는 책임과 권위를 홍보 조직에게 주지 않아서다. 외부와 교감, 소통, 커뮤니케이션 해야 하는 홍보가 이러면 회사 전체의 브랜드는 어떨까?

책 다 읽고 '이놈 뭐야' 생각한 뒤 책을 던져 버린 독자들께서는 지금 어떤 자리에 계시는지 모르겠다. 굳이 내가 오지랖 떨지 않아도 훌륭히 조직을 이끄는 CEO도 계실 거다.

혹은 '꽉 막힌 두목'에게 추천하거나, 조언하려는 충성심 높은 직원도 있을 수 있겠다. 직원이면 사장, 경영진에게 주는 방법 잘 선택해야 된다. 방식을 잘못 선택하거나 무턱대고 주면 오히려 마이너스다. 사장 눈 밖에 나와 험하고 비참했던 내 꼴 날 수도 있다, 두목님 머리에 제대로 꽂히는 투척법 잘 고민하시길. 투구 잘못하면 빈볼 시비마냥 퇴장(?)된다.

주구장창 떠들었다. 마지막 에필로그서도 떠든다. 회사는 돈 벌어야 하는 경제적 조직이며 집단이다.

앤디 워홀은 '돈을 버는 것은 예술이고, 일하는 것도 예술이며, 가장 훌륭한 사업이야말로 가장 뛰어난 예술'이라고 말했다. 회사 대표들은 돈 벌어야 하는 뛰어난 예술을 위해 절차탁마切磋琢磨, 수신제가修身齊家 해 조직을 이끌어야 한다.

대표. 스트레스를 항상 받는 위치다. 언제나 최종 결정하고 책임지는 자리다. 매우 외롭다. 내 인생 드라마인 〈상도〉에서도 대표의 외로움과 스트레스를 대변하는 대사가 나온다. 17부에서 만상灣商 도방都房 홍득주는 "장사를 하다 보면 믿고 의지할 놈 하나 없이 그저 막막할 때가 많아"라고 말한다. 대표라는 자리에 있는 사람들은 매우 공감하는 말이다. 이런 막막함과 외로움은 아이러니하게도 조직원이 늘면 비례한다. 많아지면 많아질수록 더하다. 직원들의 충언과 따뜻한 말, 발전 방향 등 보고와 의견이 많아진다. 그런데, 뭐가 뭔지…. 내 몸에 좋은 쓴 약인지, 역사에 나온 희대의 간신들인지, 경쟁사에서 이직해 온 직원이 스파이인지 뭔지 도통 알 수가 없다.

대표는 조직 제일 위에 있다. 쓰디쓴 말을 해 주는 사람은 매우 적다. 회사안에는 없다. 외부에도 거의 없다. 사람들과 만날 때 '대표' 명함을 꺼내면 일단 상대는 머리를 숙인다. 찬사와 환호는 기본. '잘하고 계십니다', '배우고 싶습니다' 같은 말만 듣게 된다. 고쳐야 할 점 알고 있어도 사람들은 말하지 않는다. 이러며 고칠 점 듣는 기회와 시간이 줄기 시작한다.

이럴 때 좀 되는(?) 실적은 어느 순간부터 '절대반지'가 돼 나를 유혹한다. 문제점을 스스로 찾는 건강한 CEO들도 많지만, 잘 봐줘야 10% 남짓. 나머지 90% 사장들은 '불편한 진실'을 듣지 못하게 된다. 그렇게 '절대반지'만 쥐고 있으면 유능한 CEO가 아집, 고집에 갇혀 충고를 듣지 않게 된다. 이러다 "마이 프레셔스(My Precious)!" 외치는 골롬이 된다. 그러면 회사 매출과 실적은 곧바로 떨어진다. 분명 대표의 책임인데, 구조조정과 효율화로 직원들이 가장 큰 피해자가 된다.

쉽게 말하겠다. 대표들은 외로운 만큼 얘기 들을 기회, 횟수가 적다. 또, 더딘 내 사업을 추스리는데 가장 빠르고 쉬운 방법은 대표 당신부터 바뀌는 것이다. 그것도 불편한 진실을 알고 바꿔가야 한다.

그래서 누군가는 싫은 소리를 해야 하기에 독하게 마음 다잡고 썼다.

첫 책과 달리 이번에는 너무, 많이, 매우, 진짜 힘들었다. 트라우마가 처음부터 끝까지 함께 했다. 실패한 아이스크림 가게와 초라한 당시 모습이 영화 〈링〉 귀신 마냥 활자를 뚫고 나타났다. 가게 지키고 나오던 저녁. 답답한 하루를 잊기 위해 50원이라도 싼 마트에 들러 소주 두 병과 김 한 봉지 들고나오던 그때. 모니터엔 활자 대신 그때의 내가 걸어가고 있었다. 큰 손실 입고 친구, 군 동기, 친지에게 손 벌이던 쓰디쓴 기억, 가게 정리 후 남은 아이스크림을 집 냉동실에 넣을 때의 처참함, 걱정해 주던 주변 사람들에 더해 불쌍한 표정으로 날 보던 고양이까지. "괜찮다. 얼마 안 들어먹었다"라며 거짓말한 뒤의 씁쓸함도 떠올랐다.

다른 고통도 함께했다. 사라진 줄 알았는데, 십몇 년 전으로 들어가니 처참하고 비참했던 순간. 당시의 억울함과 분함은 그대로였다. 나뿐만 아니라 다른 직원들까지 마구 대한 사장. 기자들과 주변인들에게 '내 목숨과 바꿀 회사', '내가 뼈 묻을 조직'이라고 떠들고 다녔던 회사에서 비참하게 잘릴 때의 기분. 직업 특성상 다른 사람들처럼 회사를 욕하고 다닐 수 없었다. 언론인들의 물음에도 속 시원히 내 심정을 말 못 한 그때.

십수 년 전 철저히 유린당했던 상처가 다시 도져 손까지 벌벌 떨렸다. 이때의 상처가 떠올라 호흡이 가빠져 많이 힘들었다. 일주일 동안 원고 작성 '올 스톱' 한 적도 있었다. 살도 6kg이나 빠졌다가 폭식의 반복으로 이어졌다. 하늘은 내 마음을 아실 거라 믿고 이 악물었다. 또, 출판사와의 현실적 약속과 책을 기다린다는 예비 독자들을 떠올리며 써 내려갔다.

이런 상황에서 머리 쥐어짜 세상에 책을 내놓는다. 읽으며 기분 나쁜 것 있었으면 이런 고통이 있었다는 것 이해해 주시면 고맙겠다. 조금이라도 도움 될까 해 일부러 불편한 사실만 골라 기분 나쁘게 끄적인 것이다.

혹시 공부하려 책상에 앉았는데 "왜 공부 안 해?" 혹은 "빨리 공부해"와 같은 잔소리가 아닌지. 이런 느낌을 받은 분들께는 진심으로 사과드린다. 큰 대가리 박고 5분 동안 반성하고 있겠다.

나도 지금은 혼자 일하지만 억세게 운 나빠(?) 조직원 합류라는 무지막지한 상황이 생기면 그들 주머니도 채워 줘야 한다. 이어 어르고 달래든, 족치고 협박하든, 혼내고 흔들든 수많은 '지랄'로 안정시켜야 된다. 그 뒤 고객 주머니 털어야 하는 자본주의 약육강식 현장을 같이 내달려야 한다. 이 과정에서 건전한 업계 동지로 남고 싶지만 내 편 건드는 네거티브를 일삼는 개차반, 알카에다 같은 것들도 만날 수 있다.

이런 상황 조우하면 지금은 혼자, 나중엔 조직원 끌고 《505 특전대》 2권에 나오는 지역대장 표현대로 해야 한다.

아무래도 낯선 얼굴들이 많으니 작전에 나가서 이상한 군복차림의 수상한 'X새들'을 만나면 무조건 가지고 있는 온갖 '지랄' 같은 '화력'과 '정력'을 사용하여 그들을 지구 밖으로 '짬' 시키라는, 평소처럼 험악한 소리로 작전에 대한 브리핑을 하지 않을 것 같았다.

이게 홍보쟁이, 홍보업자이자 한 회사의 대표인 나의 임무이자 의무요 목표다.

세상의 모든 대표는 범죄자가 아닌 이상 건전하고 성과 잘 남기는 조직을 만들고 이를 실현하기 위해 죽기 살기로 애쓴다. 하지만, 성과가 나오면 어느 순간부터 불편한 진실 잊거나 외면하는 공통점을 봤다. 주제넘게 시비조로 얘기했지만 사실이다. 마케팅, 조직 경영은 끝날 때까지 끝난 것이 아니다. 해피엔딩으로 가려면 이런 불편한 진실을 계속해서 눈 부릅뜨고 마주하며 고쳐야 한다.

2013년, 페이스북에 이런 글을 썼다.

사람은 자기가 쓰는 이야기를 해피엔딩으로 만들기 위해 살고 있는지 모른다.
적어도 나는 그렇다.

잘될지 모르겠지만 나는 해피엔딩을 위해 지금도 어슬렁댄다. 은퇴 후 산티아고 순례길로 가는 항공기에 몸을 실을 때, 이 말이 있어 보이게 하려면? 지금 내가 저지르는 불편한 진실을 찾아내 고치는 수밖에 없다.

불편한 진실, 마주 보시라.
눈 부릅뜨고 찾아내 고치시라.

부탁이다. 당신이 잘돼야 회사도 잘되고, 직원들도 잘된다.
대표. 당신은 잘돼야 한다.

왜 내 사업만
어려울까?

인쇄일 2023년 3월 5일
발행일 2023년 3월 10일

지은이 유주현
펴낸이 이윤규

펴낸곳 유아이북스
출판등록 2012년 4월 2일
주소 서울시 용산구 효창원로 64길 6
전화 (02) 704-2521
팩스 (02) 715-3536
이메일 uibooks@uibooks.co.kr

ISBN 979-11-6322-085-5 03320
값 17,000원